초보자를 위한
한국어 스페인어 단어장

초판2쇄 인쇄 2012년 10월 15일
초판2쇄 발행 2012년 10월 20일
저　자　김충식
발행인　서덕일
발행처　도서출판 문예림
출판등록　1962년 7월 12일 제 2-110호
주소　서울 광진구 군자동 1-13호 문예하우스 101호
전화　02-499-1281~2
팩스　02-499-1283
http://www.BOOKMOON.co.kr
E-mail:book1281@hanmail.net

· 잘못된 책은 구입하신 서점에서 교환하여 드립니다.

ISBN 978-89-7482-509-6(13770)

머 리 말

우리나라 사람들도 이제 여행을 많이 하고 있다.

세계 어느 곳이고 가지 않는 곳이 없을 정도로 누비고 다닌다. 나라마다 고유의 전통이 있고, 생활 습관이 달라 우리 눈에는 모두가 새롭고 신기하지만, 스페인과 중남미는 특히 우리의 것과는 많이 달라 볼거리가 많다.

스페인은 반도 국가여서 15세기 중반까지 수많은 외세의 침략으로 시달려야 했기에 더욱이 다양한 문화가 존재하기 때문에 관광의 최적지가 되는 것이다. 유럽의 다른 나라와는 달리 유대 문화와, 이슬람 문화와 가톨릭 문화가 혼합되어 스페인을 본다는 것은 곧 이슬람 문화를 보는 것이요, 유대 문화를 보는 것이요, 가톨릭 문화를 볼 수 있기에 짧은 시간에 생각보다 많은 것을 체험할 수 있는 것이다.

또한 중남미는 멕시코와 과테말라에 산재해 있는 마야 문화를 만날 수 있고, 페루의 잉카 문화를 접할 수 있으며, 다양한 인디오들의 생활상을 체험할 수 있어 생각보다 많은 것을 마음에 안고 귀국할 수 있는 곳들이다.

이러한 곳을 여행하기 위해서는 최소한의 스페인어를 구사할 수 있어야 여행의 맛이 더해지지만, 미처 스페인어를 알지 못하는 여행자를 위해 간단한 단어장을 이용해서라도 몇 마디를 사용할 수 있도록 이 단어장을 쓰게 되었으니 잘 이용하여 보람된 여행이 되길 바란다.

김 충 식

차례

머리말 ·················· 3

ㄱ ·················· 5
ㄴ ·················· 33
ㄷ ·················· 39
ㄹ ·················· 53
ㅁ ·················· 57
ㅂ ·················· 69
ㅅ ·················· 81
ㅇ ·················· 99
ㅈ ·················· 121
ㅊ ·················· 135
ㅋ ·················· 145
ㅌ ·················· 151
ㅍ ·················· 157
ㅎ ·················· 165

부록 1. ·················· 175
부록 2. ·················· 189

한국어 스페인어 단어장

한국어	스페인어	한국어	스페인어
가게	la tienda 라 띠엔다	가난	la pobreza 라 뽀브레싸
가격	el precio 엘 쁘레씨오	가난하다	ser pobre 세르 뽀브레
가구(家具)	el mueble 엘 무에블레	가난한	pobre 뽀브레
가구점	la mueblería 라 무에블레리아	가늘다	ser delgado 세르 델가도
가까이	cerca 쎄르까	가능성	la posibilidad 라 뽀씨빌리닫
가깝다	Está cerca. 에스따 쎄르까	가능하다	Es posible 에스 뽀씨블레
가끔	a veces 아 베쎄스	가다	ir 이르

어디 가십니까?　　　　　　　¿A dónde va usted?
　　　　　　　　　　　　　　아 돈데 바 우스뗃

나는 …에 간다　　　　　　　 Yo voy a...
　　　　　　　　　　　　　　요 보이 아

나는 스페인에 갑니다.　　　　 Voy a España.
　　　　　　　　　　　　　　보이 아 에스빠냐

나는 마드리드에 갑니다.　　　 Voy a Madrid.
　　　　　　　　　　　　　　보이 아 마드릳

나는 멕시코에 갑니다.　　　　 Voy a México.
　　　　　　　　　　　　　　보이 아 메히꼬

나는 간다.	Yo voy. 요 보이	가르치다	enseñar 엔세냐르
갑시다	Vamos. 바모스.	가르키다	señalar 세냘라르
가다랑어	el atún 엘 아뚠	가마솥	el caldero 엘 깔데로
가득 차 있다	estar lleno 에스따르 예노	가면(假面)	la máscara 라 마스까라
가로수	alameda 알라메다	가발	la peluca 라 뻬루까
가루	el polvo 엘 뽈보	가방	la maleta 라 말레따
가르마	la raya 라 롸야	가볍다	ser ligero 세르 리헤로

식당에 갑시다.	Vamos al restaurante. 바모스 알 뢔스따우란떼
가라앉다 (조용해지다)	calmarse 깔마르세
가라앉다 (통증이)	mitigarse 미띠가르세
가라앉히다 (통증을)	mitigar 미띠가르
가루 비누	el jabón en polvo 엘 하본 엔 뽈보

가솔린	la gasolina 라 가솔리나
가수(歌手)	el cantante 깐딴떼
가스	el gas 엘 가스
가슴	el pecho 엘 뻬초
가시	la espiga 라 에스삐가
가위	la tijera 라 띠헤라
가을	el otoño 엘 오또뇨
가자	Vamos 바모스
가정(家庭)	el hogar 엘 오가르
가정부	el ama de llaves 엘 아마 데 야베스
가져오다	traer 뜨라에르
가져오십시오	Traiga. 뜨라이가

가스 레인지   la cocina de gas
라 꼬씨나 데 가스

나는 가슴이 아프다   Me duele el pecho.
메 두엘레 엘 뻬초

가정 상비약   la medicina casera
라 메디씨나 까세라

커피 한 잔 가져오십시오   Traiga un café
뜨라이가 운 까페

당신의 가족에게 안부 전하십시오
Recuerdos a su familia.
르레꾸에르도스 아 수 파밀리아

가족	la familia 라 파밀리아	가치	el valor 엘 바로르
가죽	el cuero 엘 꾸에로	각자	cada uno 까다 우노
가지(나무의)	la rama 라 라마	각자 부담	el escote 엘 에스꼬떼
가지고 가다	llevar 예바르	각자 부담하다	escotar 에스꼬따르
가지고 오다	traer 뜨라에르	간	el sazón 엘 사쏜
가지다	tener 떼네르	간을 맞추다	sazonar 사쏘나르

가지((식물))   la berenjena 라 베렝헤나

가져오십시오   Traiga usted. 뜨라이가 우스뗃

나는 가지고 있다   Yo tengo. 요 뗑고

나는 돈을 가지고 있다.   Yo tengo dinero. 요 뗑고 디네로

나는 돈을 가지고 있지 않다.   Yo no tengo dinero. 요 노 뗑고 디네로

간(肝)	el hígado 엘 이가도
간단하다	ser breve 세르 브레베
간밤	anoche 아노체
간염((의학))	la hepatitis 라 에빠띠띠스
간장	la salsa de soja 라 살사 데 소하
	la salsa de soya (중남미) 라 살사 데 소야
간판	el letrero 엘 레뜨레로
간호사	el enfermero (남) 엘 엠페르메로
	la enfermera (여) 라 엠페르메라
갈대	la caña 라 까냐
갈아타기	el transbordo 엘 뜨란스보르도
갈아타다	transbordar 뜨란스보르다르
갈증	la sed 라 셑
감((과실))	el caqui 엘 까끼
감각	el sentido 엘 센띠도
감기	el resfriado 엘 뤠스프리아도
감다¹(눈을)	cerrar 쎄라르
눈을 감다	cerrar los ojos 쎄라르 로스 오호스
나는 갈증이 난다	Tengo sed. 땡고 셑
나는 감기 걸렸다	Estoy resfriado. 에스또이 뤠스프리아도
머리를 감다	lavarse el pelo 라바르세 엘 뻴로

감다²(머리를)	lavarse 라바르세
감독	el director (남자) 엘 디렉또르
	la directora (여자) 라 디렉또라
감사	las gracias 라스 그라씨아스
감사합니다	Gracias. 그라씨아스
감옥	la cárcel 라 까르쎌
감자	la patata 라 빠따따
	la papa (중남미) 라 빠빠
갑자기	de repente 데 뤠뻰떼
값	el precio 엘 쁘레씨오
대단히 감사합니다	Muchas gracias. 무차스 그라씨아스
값이 얼마입니까	¿Cuánto es? 꽌또 에스
갓난아이	el bebé 엘 베베
강(江)	el río 엘 뤼오
강낭콩	la judía 라 후디오
강하다	ser fuerte 세르 푸에르떼
갚다	pagar 빠가르
개((동물))	el perro 엘 뻬로로
개구리	la rana 라 롸나
개미	la hormiga 라 오르미가
개인	el individuo 엘 인디비디오
객실	la sala 라 살라

거기	ahí 아이
거울	el espejo 엘 에스뻬호
거리(距離)	la calle 라 까예
거의	casi 까씨
거부하다	negar 네가르
거지	el mendigo 엘 멘디고
거북((동물))	la tortuga 라 또르뚜가
거짓말	la mentira 라 멘띠라
거스름돈	la vuelta 라 부엘따
거짓말하다	mentir 멘띠르
거실	el cuarto de estar 엘 꾸아르또 데 에스따르
거품	la espuma 라 에스뿌마

거스름돈을 부탁합니다. La vuelta, por favor.
라 부엘따 뽀르 파보르

거스름돈 필요없습니다. La vuelta para usted.
라 부엘따 빠라 우스뗃

거울을 보아라. Mírate en el espejo.
미라떼 엔 엘 에스뻬호

거짓말쟁이 el mentiroso (남자)
엘 멘띠로소

la mentirosa (여자)
라 멘띠로사

거짓말하지 마라. No digas mentiras.
노 디가스 멘띠라스

걱정	la preocupacín 라 쁘레오꾸빠씨온	건설하다	construir 꼰스뜨루이르
걱정시키다	preocupar 쁘레오꾸빠르	건축	la arquitectura. 라 아르끼떽뚜라
걱정하다	preocuparse 쁘레오꾸빠르세	걷다	andar 안다르
건강	la salud 라 살룯	걸어 갑시다	Vamos a pie. 바모스 아 삐에
건물	el edificio 엘 에디피씨오	걸다¹(전화를)	llamar 야마르
건배!	¡Salud! 살룯	걸다²(옷을)	colgar 꼴가르
건설	la construcción 라 꼰스뜨룩씨온	검다	Es negro. 에스 네그로

걱정하지 마라 No te preocupes.
노 떼 쁘레오꾸뻬스

걱정하지 마세요 No se preocupe usted.
노 세 쁘레오꾸뻬 우스뗃

건축가 el arquitector (남자)
엘 아르끼떽또르

la arquitectora (여자)
라 아르끼떽또라

걸어갈 수 있습니까? ¿Se puede ir a pie?
세 뿌에데 이르 아 삐에

한국어	스페인어	한국어	스페인어
검사(檢查)	la inspección 라 인스뻭씨온	결국	al fin 알 핀
검사(檢事)	el fiscal 엘 피스깔	결근	la ausencia 라 아우센씨아
검정	el color negro 엘 꼴로르 네그로	결론	la conclusión 라 꽁끌루씨온
겨울	el invierno 엘 임비에르노	결심	la resolución 라 레솔루씨온
격언	el refrán 엘 레프란	결심하다	resolver 뢰솔베르
견디다	aguantar 아구안따르	결점	el defecto 엘 데펙또
견본	la muestra 라 무에스뜨라	결코(… 아니다)	nunca 눙까
결과	el resultado 엘 레술따도	결핵	el tubérculo 엘 뚜베르꿀로

걸어서 15분 걸립니다
Se tarda quince minutos a pie.
세 따르다 낀쎄 미누또스 아 삐에

걸어서 얼마나 걸립니까?
Cuánto tiempo se tarda a pie?
꽌또띠엠뽀 세 따르다 아 삐에

겨울 방학   las vacaciones de invierno
라스 바까시오네스 데 임비에르노

결혼	el casamiento 엘 까사미엔또
결혼식	las bodas 라스 보다스
결혼하다	casarse 까사르세
경공업	la industria ligera 라 인두스뜨리아 리헤라
경기(競技)	el juego 엘 후에고
경대	el tocador 엘 또까도르
경력	la carrera 라 까레라
경비(經費)	los gastos 로스 가스또스
경비(警備)	la guardia 라 구아르디아
경비원	el guardia 엘 구아르디아

결혼 생활   la vida matrimonial
라 비다 마뜨리모니알

결혼 케이크   el pastel de boda
엘 빠스뗄 데 보다

결혼하셨습니까?   ¿Está usted casado?
에스따 우스뗃 까사도

예, 결혼했습니다.   Sí, estoy casado.
씨 에스또이 까사도

아닙니다, 아직 결혼하지 않았습니다.
No, todavía no estoy casado.
노 또다비아 노 에스또이 까사도

경기(景氣)   la situación económica
라 씨뚜아씨온 에꼬노미까

경영	la administración 라 아드미니스뜨라씨온	경제학	las económicas 라스 에꼬노미까스
경영하다	administrar 아드미니스뜨라르	경주(競走)	la carrera 라 까레라
경작	el cultivo 엘 꿀띠보	경찰	la policía 라 뽈리씨아
경작자	el cultivador 엘 꿀띠바도르	경찰관	el policía (남자) 엘 뽈리씨아
경작하다	cultivar 꿀띠바르		la policía (여자) 라 뽈리씨아
경쟁	la competición 라 꼼뻬띠씨온	경찰서	la comisaría 라 꼬미사리아
경쟁자	el rival (남자) 엘 리발	경치	el paisaje 엘 빠이사헤
	la rival (여자) 라 리발	경험	la experiencia 라 에스뻬리엔씨아
경쟁하다	competir 꼼뻬띠르	계단	la escalera 라 에스깔레라
경제	la economía 라 에꼬노미아		

경제학자   el economista (남자)
엘 에꼬노미스따

la economista (여자)
라 에꼬노미스따

계산	la cuenta 라 꾸앤따	계약하다	contratar 꼰뜨라따르
계산기	la calculadora 라 깔꿀라도라	계획	el plan 엘 쁠란
계산대	la caja 라 까하	계획하다	proyectar 쁘로옉따르
계산서	la cuenta 라 꾸앤따	고개	la nuca 라 누까
계산하다	contar 꼰따르	고구마	la batata 라 바따따
계속	la continuación 라 꼰띠누아씨온	고급	la calidad superior 라 깔리닫 수뻬리오르
계속하다	continuar 꼰띠누아르	고급 호텔	el hotel de lujo 엘 오뗄 데 루호
계약	el contrato 엘 꼰뜨라또	고기	la carne 라 까르네
계약서	el contrato 엘 꼰뜨라또	고난	la dificultad 라 디피꿀딷

계산서를 부탁합니다
La cuenta, por favor.
라 꾸엔따 뽀르 파보르

고등 학교
la escuela superior
라 에스꾸엘라 수뻬리오르

대단히 고맙습니다
Muchas gracias.
무차스 그라씨아스

한국어	Español	한국어	Español
고등어	la caballa 라 까바야	고아	el huérfano (남자) 엘 우에르파노
고르다	escoger 에스꼬헤르		la huérfana (여자) 라 우에르파나
고막(鼓膜)	el tímpano 엘 띰빠노	고양이	el gato 엘 가또
고맙습니다	Gracias. 그라씨아스	고용	el empleo 엘 엠쁠레오
고무	la goma 라 고마	고용주	el empleador 엘 엠쁠레아도르
고생	el sufrimiento 엘 수프리미엔또	고용하다	emplear 엠쁠레아르
고생하다	sufrir 수프리르	고장	la comarca 라 꼬마르까
고속도로	la autopista 라 아우또삐스따	고장(故障)	la avería 라 아베리아

고생 끝에 낙이 온다   No hay mal que dure cien años.
노 아이 말 께 두레 씨엔 아뇨스

고용 계약   el contrato de empleo
엘 꼰뜨라또 데 엠쁠레오

고치다¹ (수리하다)   reparar
레빠라르

고치다² (치료하다)   curar
꾸라르

고장 나다	averiarse 아베리아르세
고집	la persistencia 라 뻬르씨스뗀씨아
고집하다	persistir 뻬르씨스띠르
고추	el chile, el ají 엘 칠레 엔 아히
고춧가루	el ají en polvo 엘 아히 엔 뽈보
고향	la tierra natal 라 띠에르라 나딸
곤란	el apuro 엘 아뿌로
곤란하다	apurarse 아뿌라르세
곧	en seguida, pronto 엔 세기다 쁘론또
골동품	las antigüedades 라스 안띠구에다데스
골목	el callejón 엘 까예혼
골짜기	el valle 엘 바예
골프	el golf 엘 골프
골프를 치다	jugar al golf 후가르 엘 골프
곰((동물))	el oso 엘 오소
곱다	ser hermoso 세르 에르모소

고혈압   la hipertensión arterial
라 이뻬르뗀씨온 아르떼리알

곧 돌아오겠습니다.   Volveré dentro de poco.
볼베레 덴뜨로 데 뽀꼬

곧 만납시다   Hasta pronto.
아스따 쁘론또

골동품 가게   la tienda de antigüedades
라 띠엔다 데 안띠구에다데스

공	la pelota 라 뻴로따
공격	el ataque 엘 아따께
공격하다	atacar 아따까르
공군	las fuerzas aéreas 라스 푸에르사스 아에레아스
공급	abastecimiento 아바스떼씨미엔또
공급하다	abastecer 아바스떼쎄르
공기(空氣)	el aire 엘 아이레
공부	el estudio 엘 에스뚜디오

공무원 el funcionario público
엘 풍씨오나리오 뿌블리꼬

공문서 el documento oficial
엘 도꾸멘또 오피씨알

공원(工員) el obrero (남자)
엘 오브레로

la obrera (여자)
라 오브레라

공중 목욕탕 el baño público
엘 바뇨 뿌블리꼬

공중전화 el teléfono público
엘 뗄레포노 뿌블리꼬

공중전화는 어디에 있습니까?
¿Dónde hay un teléfono público?
돈데 아이 운 뗄레포노 뿌블리꼬

공부하다	estudiar 에스뚜디아르	과거	el pasado 엘 빠사도
공업	la industria 라 인두스뜨리아	과로	el trabajo excesivo 엘 뜨라바호 엑쎄씨보
공원(公園)	el parque 엘 빠르께	과목	la asignatura 라 아씨그나뚜라
공장	la fábrica 라 파브리까	과수(果樹)	el frutal 엘 프루딸
공항	el aeropuerto 엘 아에로뿌에르또	과실(果實)	la fruta 라 프루따

공항은 어디로 갑니까?
¿Por dónde se va al aeropuerto?
뽀르 돈데 세 바 알 아에로뿌에르또

과로하다　　　　　　　　　　　　　　　trabajar demasiado
　　　　　　　　　　　　　　　　　　　　　뜨라바하르 데마씨아도

과속　　　　　　　　　　　　　　　　　la velocidad excesiva
　　　　　　　　　　　　　　　　　　　　라 벨로씨닫 엑쎄씨바

과속 방지턱　　　　　　　　　　　　　el guardia tumbado
　　　　　　　　　　　　　　　　　　　　엘 구아르디아 뚬바도

과일 장수　　　　　　　　　　　　　　　el frutero (남자)
　　　　　　　　　　　　　　　　　　　　　엘 프루떼로

　　　　　　　　　　　　　　　　　　　　la frutera (여자)
　　　　　　　　　　　　　　　　　　　　라 프루떼라

과실(過失)	el error 엘 에르로르	관광(觀光)	turismo 뚜리스모
과일	la fruta 라 프루따	관광객	turista 뚜리스따
과일 가게	la frutería 라 프루떼리아	관광 버스	el autocar 엘 아우또까르
과테말라	Guatemala 구아떼말라	관광지	el lugar turístico 엘 루가르 뚜리스띠꼬
과학	la ciencia 라 씨엔씨아	관람	el espectáculo 엘 에스뻭따꿀로
관계	la relación 라 뤨라씨온	관람객	el espectador 엘 에스뻭따도르

과테말라 사람	el guatemalteco (남자) 엘 구아떼말떼꼬
	la guatemalteca (여자) 라 구아떼말떼까
과학자	el científico (남자) 엘 씨엔띠피꼬
	la científica (여자) 라 씨엔띠피까
관광 안내소	la información turistica 라 임포르마시온 뚜리스띠까
관람권	el billete de entrada 엘 비예떼 데 엔뜨라다

한국어	스페인어	한국어	스페인어
관람료	la entrada 라 엔뜨라다	괜찮습니다	No importa. 노 임뽀르따
관리	la gerencia 라 헤렌씨아	괴로움	la aflicción 라 아플릭씨온
관리인	el gerente 엘 헤렌떼	괴롭다	estar afligido 에스따르 아플리히도
관리하다	administrar 아드미니스뜨라르	괴롭히다	molestar 몰레스따르
관심	el interés 엘 인떼레스	굉장하다	ser excelente 세르 엑쎌렌떼
관절	la articulación 라 아르띠꿀라씨온	교대	el turno 엘 뚜르노
관절염	la artritis 라 아르뜨리띠스	교대하다	turnar 뚜르나르
관절통	la artralgia 라 아르뜨랄히아	교섭	la negociación 라 네고씨아씨온
광고	la publicidad 라 뿌블리씨닫	교수	el profesor (남자) 엘 쁘로페소르
광선	la luz 라 루스		la profesora (여자) 라 쁘로페소라
괘종시계	el despertador 엘 데스뻬르따도르	교실	la clase 라 끌라세
관청	la oficina gubernamental 라 오피씨나 구베르나멘딸		

교역	el comercio 엘 꼬메르씨오
교역하다	comerciar 꼬메르씨아르
교외	las afueras 라스 아푸에라스
교육	la educación 라 에두까시온
교육자	el educador 엘 에두까도르
교육하다	educar 에두까르
교제	el trato 엘 뜨라또
교제하다	tener trato 떼네르 뜨라도
교차로	el cruce 엘 끄루쎄
교통	el tráfico 엘 뜨라피꼬
교통 신호등	el semáforo 엘 세마포로
교환	el cambio 엘 깜비오
교환하다	cambiar 깜비아르
교활하다	ser astuto 세르 아스뚜또
교회	la iglesia 라 이글레씨아
교회에 가다	ir a la iglesia 이르 알 라 이글레씨아
구경하다	observar 옵세르바르
구두	los zapatos 로스 싸빠또스

교육 대학   la facultad normal 라 파꿀딷노르말

교통 경찰관   el agente de tráfico 엘 아헨떼 데 뜨라피꼬

교통 사고   el accidente de tráfico 엘 악씨덴떼 데 뜨라피꼬

한국어	스페인어	한국어	스페인어
구두쇠	el tacaño (남자) 엘 따까뇨	구실	el pretexto 엘 쁘레떼스도
	la tacaña (여자) 라 따까냐	구운 고기	la carne asada 라 까르네 아사다
구둣방	la zapatería 라 싸빠떼리아	구하다	encontrar 엔꼰뜨라르
구름	la nube 라 누베	국	la sopa 라 소빠
구름다리	el viaducto 엘 비아둑또	국가	el país, la nación 엘 빠이스 라 나씨온
구멍	el agujero 엘 아구헤로	국군	el ejército 엘 에헤르씨또
구명대	la boya salvavidas 라 보야 살바비다스	국내	el interior del país 엘 인떼리오르 델 빠이스
구부리다	doblar 도블라르	국내선	el vuelo nacional 엘 부엘로 나씨오날
구석	el rincón 엘 륀꼰	국민	el pueblo 엘 뿌에블로

구경 좀 하겠습니다 Quiero dar una vuelta.
끼에로 다르 우나 부엘따

구명 보트 el bote salvavidas
엘 보떼 살바비다스

구명 조끼 chaleco salvavidas
찰레꼬 살바비다스

국보	el tesoro nacional 엘 떼소로 나씨오날	군(軍)	el ejército 엘 에헤르씨또
국수	el tallarín 엘 따야린	군인	el militar (남) 엘 밀리따르
국적	la nacionalidad 라 나씨오날리닫		la militar (여) 라 밀리따르
국제적	internacional 인떼르나씨오날	굴	la cueva 라 꾸에바
국화(國花)	la flor nacional 라 플로르 나씨오날	굴((조개))	la ostra 라 오스뜨라
국회	las Cortes 라스 꼬르떼스	굴뚝	la chimenea 라 치메네아

국립 공원　　　　　　　el Parque Nacional
　　　　　　　　　　　　엘 빠르께 나씨오날

국립 도서관　　　　　　la Biblioteca Nacional
　　　　　　　　　　　　라 비블리오떼까 나씨오날

국립 미술관　　　　　　el Museo Nacional
　　　　　　　　　　　　엘 무세오 나씨오날

국립 박물관　　　　　　el Museo Nacional
　　　　　　　　　　　　엘 무세오 나씨오날

국립 의료원　　　　　　el Centro Médico Nacional
　　　　　　　　　　　　엘 쎈뜨로 메디꼬 나씨오날

국제선　　　　　　　　　la línea internacional
　　　　　　　　　　　　라 리네아 인떼르나씨오날

굵다	ser grueso 세르 그루에소
굽다	asar 아사르
권력	el poder 엘 뽀데르
권리	el derecho 엘 데레초
권하다	recomendar 뤠꼬멘다르
귀	la oreja 라 오레하
귀고리	el pendiente 엘 뻰디엔떼
귀부인	la dama 라 다마
귀여워하다	acariciar 아까리씨아르
귀엽다	ser mono 세르 모노
귀찮다	molestarse 몰레스따르세
귀찮게 하다	molestar 몰레스따르
규칙	la regla 라 뤠글라
규칙적	regular 뤠굴라르
균형	el equilibrio 엘 에낄리브리오
귤	la naranja 라 나랑하
그것	eso 에소
그들	ellos 에요스

나를 귀찮게 하지 마라	No me molestes. 노 메 몰레스떼스
귀중품	los objetos de valor 로스 오브헤또스 데 발로르
그것은 무엇입니까	¿Qué es eso? 께 에스 에소

그래	sí 씨
그래서	por eso 뽀르 에소
그러나	pero 뻬로
그러면	entonces 엔똔쎄스
그러므로	por eso 뽀르 에소
그렇게	así 아씨
그렇게 많이	tanto 딴또
그릇	la vasija 라 바씨하
그리고	y 이
그리다	pintar 삔따르
그림	el cuadro 엘 꾸아드로
그림자	la sombra 라 솜브라
그립다	echar de menos 에차르 데 메노스
그물	la red 라 레드
그제께	anteayer 안떼아예르
그치다	cesar 세사르
그것은 얼마입니까	¿Cuánto es eso? 꽌또 에스 에소
그랜드 피아노	el piano de cola 엘 삐아노 데 꼴라
그리워하다	echar de menos 에차르 데 메노스
그림엽서	la tarjeta cuadrada 라 따르헤따 꾸아드라다

극(劇)	el teatro 엘 떼아뜨로
극락세계	el paraíso 엘 빠라이소
극복하다	vencer 벤쎄르
극장	el teatro 엘 떼아뜨로
글자	la letra 라 레뜨라
금	la línea 라 리네아
금(金)((광물))	el oro 엘 오로
금광	la mina de oro 라 미나 데 오로
금메달	la medalla de oro 라 메다야 데 오로
금메달리스트	medallista de oro 메다이스따 데 오로
뵙게 되어 무척 기쁩니다	Me alegro mucho de verle. 메 알레그로 무초 데 베를레
기차역	la estación de ferrocarril 라 에스따씨온 데 페로까릴
금요일	el viernes 엘 비에르네스
급하다	tener prisa 떼네르 쁘리사
급행 열차	el tren rápido 엘 뜨렌 라삐도
기쁘다	estar alegre 에스따르 알레그레
기쁨	la alegría 라 알레그리아
기장(機長)	el capitán 엘 까삐딴
기차	el tren 엘 뜨렌
깨다(잠에서)	despertarse 데스뻬르따르세
깨우다	despertar 데스뻬르따르

꺾어지다(길이)	torcer 또르쎄르
껌	el chicle 엘 치끌레
꼬리	la cola 라 꼴라
꼬집다	pellizcar 뻬이스까르
꼬챙이	el pincho 엘 삔초
꼭	sin falta 씬 팔따
꼭대기	la cima 라 씨마
꽁초	la colilla 라 꼴리야
꽃	la flor 라 플로르
꽃가게	la florería 라 플로레리아
꽃다발	el ramillete 엘 라미예떼
꽃병	el florero 엘 플로레로
꽃양배추	la col 라 꼴
꽃장수	el florero (남자) 엘 플로레로
	la florera (여자) 라 플로레라
꽃집	la florería 라 플로레리아
꾸미다	ataviar 아따비아르
꾸짖다	reprender 뢰쁘렌데르
꿀	la miel 라 미엘
꿀벌	la abeja 라 아베하
끝	el fin 엘 핀
끝나다	terminar 떼르미나르
끝내다	terminar 떼르미나르
끼니	la comida 라 꼬미다

나	yo 요	난방	la calefacción 라 깔레팍씨온
나누다	dividir 디비디르	날	el día 엘 디아
나라	el país 엘 빠이스	날마다	todos los días 또도스 로스 디아스
나무	el árbol 엘 아르볼	날씨	el tiempo 엘 띠엠뽀
나쁘다	ser malo 세르 말로	남	el otro 엘 오뜨로
나이	la edad 라 에닫	남기다	dejar 데하르
나이프	el cuchillo 엘 꾸치요	남다	faltar 팔따르
난간	el pasamano 엘 빠사마노	남동생	el hermano 엘 에르마노

나는 한국 사람이다	Yo soy coreano. (남) 요 소이 꼬레아노
	Yo soy coreana. (여) 요 소이 꼬레아나
날씨가 좋다	Hace buen tiempo. 아쎄 부엔 띠엠뽀
날씨가 나쁘다	Hace mal tiempo. 아쎄 말 띠엠뽀

남자	el hombre 엘 옴브레
남쪽	el sur 엘 수르
남편	el marido, el esposo 엘 마리도 엘 에스뽀소
남한	Corea del Sur 꼬레아 델 수르
낮	el día 엘 디아
낮다	ser bajo 세르 바호
낮잠	la siesta 라 씨에스따
낳다	nacer 나쎄르
내년	el año próximo 엘 아뇨 쁘록씨모
내려가다	bajar 바하르
내리다¹(물건을)	bajar 바하르
내복	la ropa interior 라 로빠 인떼리오르
내일	mañana 마냐나
냄비	la cazuela 라 까수엘라
냇물	el río 엘 리오
냉장고	la nevera 라 네베라
너	tú 뚜
너무	demasiado 데마씨아도

낮잠을 자다	dormir una siesta 도르미르 우나 씨에스따
내리다²(탈것에서)	bajarse 바하르세
내일 만납시다	Hasta mañana. 아스따 마냐나

너희들	vosotros, vosotras 보소뜨로스 보소뜨라스
넥타이	la corbata 라 꼬르바따
넷	cuatro 꾸아뜨로
노랑	el amarillo 엘 아마리요
노랗다	ser amarillo 세르 아마리요
노인	el viejo (남자) 엘 비에호
	la vieja (여자) 라 비에하
논	el arrozal 엘 아르로살
놀다	jugar 후가르
놀음	el juego 엘 후에고
높다	ser alto 세르 알또
높이	la altura 라 알뚜라
놓다	poner 뽀네르
놓치다	perder 뻬르데르
뇌염	la encefalitis 라 엔쎄팔리띠스
뇌종양	el encefaloma 엘 엔쎄팔로마
누구	quién 끼엔
누나	la hermana 라 에르마나
노트북 컴퓨터	el ordenador portátil 엘 오르데나도르 뽀르따띨
뇌일혈	la hemorragia cerebral 라 에모라히아 쎄레브랄
누구십니까(전화에서)	¿Quién habla? 끼엔 아블라

누르다	prensar 쁘렌사르	뉴스	la noticia 라 노띠씨아
눈	el ojo 엘 오호	느끼다	sentir 센띠르
눈을 감다	cerrar los ojos 세라르 로스 오호스	느낌	el sentimiento 엘 센띠미엔또
눈을 뜨다	abrir los ojos 아브리르 로스 오호스	늘	siempre 씨엠쁘레
눈	la nieve 라 니에베	늘씬하다	ser esbelto 세르 에스벨또
눈이 내리다	nevar 네바르	능숙하다	ser hábil 세르 아빌
눈이 내린다	Nieva. 니에바	늦게	tarde 따르데
눕다	acostarse 아꼬스따르세	늦다	tardar 따르다르
눕히다	acostar 아꼬스따르	니코틴	la nicotina 라 니꼬띠나
늦게 도착하다			llegar tarde 예가르 따르데

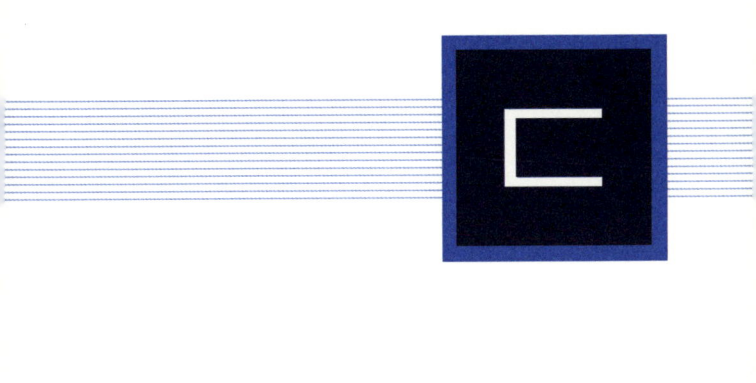

다과점	la pastelería 라 빠스뗄레리아	다섯	cinco 씽꼬
다루다	tratar 뜨라따르	다섯째	el quinto 엘 낀또
다르다	ser diferente 세르 디페렌떼	다스	la docena 라 도세나
다른	otro 오뜨로	다스리다	gobernar 고베르나르
다른 사람	la otra persona 라 오뜨라 뻬르소나	다시	otra vez 오뜨라 베스
다리¹ (사람의)	la pierna 라 삐에르나	다음	próximo 쁘록씨모
다리² (교량)	el puente 엘 뿌엔떼	다음 달	el mes próximo 엘 메스 쁘록씨모
다리다	planchar 라 쁠란차르	다이아몬드	el diamante 엘 디아만떼
다리미	la plancha. 라 쁠란차	다이어트	la dieta 라 디에따
다리미질하다	planchar 쁠란차르	다이얼을 돌리다	marcar 마르까르

다음 주   la semana próxima
라 세마나 쁘록씨마

다음 해   el año próximo
엘 아뇨 쁘록씨모

다치다	herirse 에리르세
다큐멘터리	el documental 엘 도꾸멘딸
다투다	reñir 뢰니이르
닦다	fregar 프레가르
단골	el cliente 엘 끌리엔떼
단과대학	la facultad 라 파꿀딸
단백질	la albúmina 라 알부미나
단어	el vocablo 엘 보까블로
단어집	el vocabulario 엘 보까불라리오
단체	el grupo 엘 그루뽀
단추	el botón 엘 보똔
단편 소설	el cuento 엘 꾸엔또
닫다	cerrar 쎄롸르
닫히다	cerrarse 쎄롸르세
달¹	el mes 엘 메스
1월	enero 에네로
2월	febrero 페브레로
3월	marzo 마르쏘
4월	abril 아브릴
5월	mayo 마요

단체 표   el billete colectivo
         엘 비예떼 꼴렉띠보

문을 닫아 주십시오   Cierre usted la puerta.
                씨에레 우스뗃 라 뿌에르따

6월	junio 후니오	달다(맛이)	Es dulce. 에스 둘세
7월	julio 훌리오	달러	el dólar 엘 돌라르
8월	agosto 아고스또	달리다	correr 꼬레르
9월	septiembre 셉띠엠브레	닭	el gallo (수컷) 엘 가요
10월	octubre 옥뚜브레		la gallina (암컷) 라 가이나
11월	noviembre 노비엠브레	닭고기	la carne de gallina 라 까르네 데 가이나
12월	diciembre 디씨엠브레	닮다	parecerse 빠레쎄르세
달²((천문))	la luna 라 루나	담배	el tabaco 엘 따바꼬
달이 떴다	Hay luna. 아이 루나		el cigarrillo (궐련) 엘 씨가르리요
달걀	el huevo 엘 우에보		el cigarro (여송연) 엘 씨가르로

너는 누구를 닮았니? ¿A quién te pareces?
아 끼엔 떼 빠레쎄스

나는 어머니를 닮았다 Me parezco a mi madre.
메 빠레스꼬 아 미 마드레

담배 가게	el estanco 엘 에스땅꼬	당신의 남편	su esposo 수 에스뽀소
담배꽁초	la colilla 라 꼴리야	당신의 아내	su esposa 수 에스뽀사
담요	la manta 라 만따	당장	ahora mismo 아오라 미스모
당구	el billar 엘 비야르	닻	el ancla 엘 앙끌라
당구장	el salón de billar 엘 살롱 데 비야르	대개	generalmente 헤네랄멘떼
당근	la zanahoria 라 사나오리아	대답	la contestación 라 꼰떼스따씨온
당뇨병	la diabetes 라 디아베떼스	대사관	la embajada 라 엠바하다
당신	usted 우스떼	대체하다	transferir 뜨란스페리르

당뇨병 환자   el diabético (남자)
　　　　　　　　엘 디아베띠꼬

　　　　　　　la diabética (여자)
　　　　　　　　라 디아베띠까

당좌 예금   la cuenta corriente
　　　　　　라 꾸엔따 꼬뤼엔떼

대답하다   contestar, responder
　　　　　　꼰떼스따르 레스뽄데르

대학교	la universidad 라 우니베르씨닫	더 적게	menos 메노스
대합실	la sala de espera 라 살라 데 에스뻬라	더럽다	estar sucio 에스따르 수씨오
더	más 마스	더위	el calor 엘 깔로르
더 많이	más 마스	덜	menos 메노스

대사(大使)　　　　　el embajador (남)
　　　　　　　　　　엘 엠바하도르

　　　　　　　　　　la embajadora (여)
　　　　　　　　　　라 엠바하도라

스페인 주재 한국 대사관
　　　la Embajada de Corea en España
　　　라 엠바하다 데 꼬레아 엔 에스빠냐

대체(對替)　　　　　la transferencia
　　　　　　　　　　라 뜨란스페렌씨아

대학생　　　　　　　el universitario (남자)
　　　　　　　　　　엘 우니베르씨따리오

　　　　　　　　　　la universitaria (여자)
　　　　　　　　　　라 우니베르씨따리아

더블 베드　　　　　la cama de matrimonio
　　　　　　　　　　라 까마 데 마뜨리모니오

덥다 (날씨가)	hace calor 아쎄 깔로르	도착	la llegada 라 예가다
덥다 (몸이)	tener calor 떼네르 깔로르	도착하다	llegar 예가르
덮다	cubrir 꾸브리르	독(毒)	el veneno 엘 베네노
도넛	el buñuelo 엘 부뉴엘로	독감	la gripe 라 그리뻬
도둑	el ladrón (남자) 엘 라드론	독일	Alemania 알레마니아
	la ladrona (여자) 라 라드로나	독일어	el alemán 엘 알레만
도매상	el mayorista 엘 마요리스따	돈	el dinero 엘 디네로
도시	la ciudad 라 씨우닫	돌다	torcer 또르쎄르

도매　　　　la venta al por mayor
　　　　　　라 벤따 알 뽀르 마요르

도매하다　　vender al por mayor
　　　　　　벤데르 알 뽀르 마요르

독일 사람　　alemán (남자)
　　　　　　알레만

　　　　　　alemana (여자)
　　　　　　알레마나

돌아가다	volver 볼베르	돕다	ayudar 아유다르
돌아오다	volver 볼베르	돗자리	la estera 라 에스떼라

너 돈 있니? ¿Tienes dinero?
띠에네스 디네로

돈 얼마나 있니? ¿Cuánto dinero tienes?
꾸안또 디네로 띠에네스

나는 돈이 있다 Tengo dinero.
뗑고 디네로

나는 돈이 없다 No tengo dinero.
노 뗑고 디네로

나는 돈을 약간 가지고 있다
Tengo un poco de dinero.
뗑고 움 뽀꼬 데 디네로

나는 돈이 많다 Tengo mucho dinero.
뗑고 무초 디네로

돈지갑 el monedero, la cartera
엘 모네데로 라 까르떼라

오른쪽으로 도세요 Tuerza a la derecha.
뚜에르싸 알 라 데레차

왼쪽으로 도세요 Tuerza a la izquierda.
뚜에르싸 알 라 이스끼에르다

동(東)	el este 엘 에스떼	두려움	el temor 엘 떼모르
동물	el animal 엘 아니말	두렵다	temer 떼메르
동생	el hermano (남자) 엘 에르마노	두 번째	el segundo 엘 세군도
	la hermana (여자) 라 에르마나	둘	dos 도스
동전	la moneda 라 모네다	둘째	el segundo 엘 세군도
돼지((동물))	el cerdo 엘 쎄르도	뒤에	detrás 데뜨라스
됐습니다	Vale 발레	뒤집어쓰다	achacar 아차까르
두다	dejar 데하르	드라마	el drama 엘 드라마

돼지고기　　　　　　　la carne de cerdo
　　　　　　　　　　　라 까르네 데 쎄르도

되도록 빨리　　　　　　lo antes posible
　　　　　　　　　　　로 안떼스 뽀씨블레

　　　　　　　　　　lo más pronto posible
　　　　　　　　　　　로 마스 쁘론또 뽀씨블레

드라이어　　　　　　　el secador del pelo
　　　　　　　　　　　엘 세까도르 델 뻴로

드롭스	el bombón 엘 봄봉
들어가다	entrar 엔뜨라르
들어오다	entrar 엔뜨라르
등(사람의)	la espalda 라 에스빨다
들리다¹(장소에)	pasar (por) 빠사르 (뽀르)
네 집에 들려라	Pasa por mi casa. 빠사 뽀르 미 까사
들리다²(소리가)	oírse 오이르세
네 말이 잘 들리지 않는다	No te oigo bien. 노 떼 오이고 비엔
들어오십시오	Pase / Adelante 빠세 아델란떼
등기 우편	el correo certificado 엘 꼬르레오 쎄르띠피까도
등산모	la gorra de alpinistas 라 고르라 데 알삐니스따스
등산복	la ropa de alpinistas 라 로빠 데 알삐니스따스
등(燈)	la lámpara 라 람빠라
등산	el alpinismo 엘 알삐니스모
등산가	el alpinista (남자) 엘 알삐니스따
	la alpinista (여자) 라 알삐니스따

등심	el solomillo 엘 솔로미요	딸	la hija 라 이하
등의자	la silla de mimbre 라 씨야 데 밈브레	딸기	la fresa 라 프레사
디스켓	el disco flexible 엘 디스꼬 플렉씨블레	땀	el sudor 엘 수도르
디스코텍	la discoteca 라 디스꼬떼까	땅	la tierra 라 띠에라
디스크	el disco 엘 디스꼬	땅콩	el cacahuete 엘 까까우에떼
디저트	el postre 엘 뽀스뜨레	때¹(더러운)	el mugre 엘 무그레
따뜻하다	ser templado 세르 뗌쁠라도	때²(시간)	el tiempo 엘 띠엠뽀
따라가다	seguir 세기르	때때로	a veces 아 베쎄스
따르다	seguir 세기르	떠나다	salir 살리르

등산화　　las botas de alpinistas
라스 보따스 데 알삐니스따스

나를 따라 오세요　　Sígueme.
씨게메

땅굴　　el túnel subterráneo
엘 뚜넬 숩떼라네오

또	otra vez 오뜨라 베스	뜨겁다	estar caliente 에스따르 깔리엔떼
또요?	¿Otra vez? 오뜨라 베스	뜸	la moxa 라 목사
똑똑하다	ser inteligente 세르 인뗄리헨떼	뜸질	la moxa 라 목사
똑바로	derecho 데레초	뜻밖에	inesperadamente 인에스뻬라다멘떼
뛰다	saltar 살따르	띠	la faja 라 파하
뛰어나다	sobresalir 소브레살리르		

스페인으로 떠나다   salir para España
살리르 빠라 에스빠냐

똑바로 가십시오   Siga derecho.
씨가 데레초

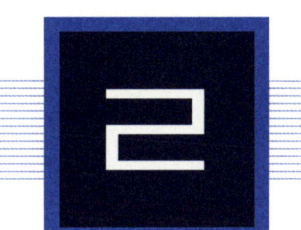

라디오	la radio 라 롸디오	레몬	el limón 엘 리몬
라이터	el encendedor 엘 엔쎈데도르	레인코트	el impermeable 엘 임뻬르메아블레
라켓	la raqueta 라 라께따	레코드	el disco 엘 디스꼬
라틴어	el latín 엘 라띤	렌즈	el lente 엘 렌떼
램프	la lámpara 라 람빠라	로봇	el autómata 엘 아우또마따
러시 아워	la hora punta 라 오라 뿐따	롤 필름	el rollo 엘 르로요
럼주(酒)	el ron 엘 론	루비((광물))	el rubí 엘 르루비

라틴 아메리카   la América Latina
　　　　　　　　　라 아메리까 라띠나

레몬 즙   el zumo de limón
　　　　　엘 수모 데 리몬

　　　　el jugo de limón (중남미)
　　　　엘 후고 데 리몬

레코드 플레이어   el tocadiscos
　　　　　　　　　엘 또까디스꼬스

렌터카   el coche de alquiler
　　　　　엘 꼬체 데 알낄레르

루주	el colorete 엘 꼴로레떼	리터	el litro 엘 리뜨로
리듬	el rítmo 엘 뤼뜨모	립스틱	el pintalabios 엘 삔딸라비오스
리본	la cinta 라 씬따	링	el cuadrilátero 엘 꾸아드릴라떼로
리모트 컨트롤			el telecontrol 엘 뗄레꼰뜨롤

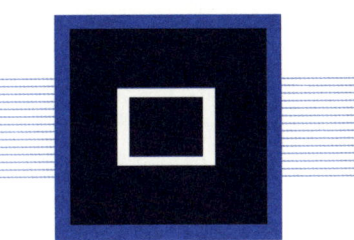

한국어	스페인어	한국어	스페인어
마가린	la margarina / 라 마르가리나	마차	el carro / 엘 까르로
마누라	la esposa / 라 에스뽀사	마취	la anestesia / 라 아네스떼씨아
마늘	el ajo / 엘 아호	마취제	el anestésico / 엘 아네스떼씨꼬
마비	la parálisis / 라 빠랄리씨스	마카로니	los macarrones / 로스 마까로네스
마시지	el masaje / 엘 마사헤	마흔	cuarenta / 꾸아렌따
마시다	beber / 베베르	막내아들	el hijo menor / 엘 이호 메노르
마약	la droga / 라 드로가	막다	impedir / 임뻬디르
마요네즈	la mayonesa / 라 마요네사	막차	el último tren / 엘 울띠모 뜨렌
마을	el pueblo / 엘 뿌에블로	만나다	ver / 베르
마음	el corazón / 엘 꼬라손	만년필	la estilográfica / 라 에스띨로그라피까
마지막	el último / 엘 울띠모	만들다	hacer / 아쎄르
마스터 카드		la tarjeta maestra / 라 따르헤따 마에스뜨라	

만약	si 씨	말다툼	la riña 라 뤼냐
만족	la satisfacción 라 사띠스팍씨온	말다툼하다	reñir 뢰니르
만족시키다	satisfacer 사띠스파쎄르	말일	el último día 엘 울띠모 디아
만족하다	estar contento 에스따르 꼰뗀또	말하다	hablar, decir 아블라르 데씨르
만지다	tocar 또까르	맑다	ser claro 세르 끌라로
만지지 마세요	No toque. 노 또께	맛	el sabor 엘 사보르
많다	Es mucho. 에스 무초	맛보다	probar 쁘로바르
많은	mucho 무초	맛있다	Es rico. 에스 뤼꼬
많이	mucho 무초	망고((과실))	el mango 엘 망고
말	el habla 엘 아블라	망원경	el telescopio 엘 뗄레스꼬삐오
말(馬)((동물))	el caballo 엘 까바요	망토	el manto 엘 만또
굉장히 맛있군요.			¡Qué rico! 께 뤼꼬

망하다	quebrar 께브라르	매입하다	comprar 꼼쁘라르
맡기다	guardar 구아르다르	매주	todas las semanas 또다스 라스 세마나스
매년	todos los años 또도스 로스 아뇨스	맥주	la cerveza 라 쎄르베사
매니저	el director 엘 디렉또르	맨션	la mansión 라 만씨온
매니큐어	la manicura 라 마니꾸라	맵다	Es picante 에스 삐깐떼
매달	cada mes 까다 메스	머리	la cabeza 라 까베사
매우	muy 무이	머리핀	la horquilla 라 오르끼야
매월	cada mes 까다 메스	머릿솔	el cepillo 엘 쎄삐요
매일	todos los días 또도스 로스 디아스	머물다	quedarse 께다르세
매입	la compra 라 꼼쁘라	먹다	comer 꼬메르

나는 머리가 아프다	Tengo dolor de cabeza. 뗑고 도로르 데 까베사
머리카락	el cabello, el pelo 엘 까베요 엘 뻴로

먼저	primero 쁘리메로	메뉴	el menú 엘 메누
먼지	el polvo 엘 뽈보	메모리	la memoria 라 메모리아
멀다	estar lejos 에스따르 레호스	멕시코	México 메히꼬
멀리	lejos 레호스	멜로디	la melodía 라 멜로디아
멀미	el mareo 엘 마레오	멤버	el miembro 엘 미엠브로
멀미하다	marearse 마레아르세	며느리	la nuera 라 누에라
나는 멀미한다	Me mareo. 메 마레오	면(綿)	el algodón 엘 알고돈

많이 먹었습니다　　　　　Estoy lleno.
　　　　　　　　　　　　에스또이 예노

잘 먹었습니다　　　　　　Estoy satisfecho.
　　　　　　　　　　　　에스또이 사띠스페초

메뉴 좀 부탁합니다　　　　El menú, por favor.
　　　　　　　　　　　　엘 메누 뽀르 파보르

멕시코 사람　　　　　　　el mexicano (남자)
　　　　　　　　　　　　엘 메히까노

　　　　　　　　　　　　la mexicana (여자)
　　　　　　　　　　　　라 메히까나

한국어	스페인어	한국어	스페인어
면도	el afeitado 엘 아페이따도	모기	el mosquito 엘 모스끼또
면도하다	afeitarse 아페이따르세	모니터	el monitor 엘 모니또르
면세	la franquicia 라 프랑끼씨아	모닝콜하다	llamar 야마르
면세점	la tienda libre 라 띠엔다 리브레	모두	todo 또도
면허증	el diploma 엘 디쁠로마	모든 것	todo 또도
멸치	la anchoa 라 안초아	모레	pasado mañana 빠사도 마냐나
명인	el maestro 엘 마에스뜨로	모르다	ignorar 익노라르
명함	la tarjeta 라 따르헤따	모양	la forma 라 포르마
몇	cuánto 꾸안또	모자	el sombrero 엘 솜브레로

면도기	la maquinilla de afeitar 라 마끼니야 데 아페이따르
제 명함입니다	Aquí está mi tarjeta. 아끼 에스따 미 따르헤따
모닝콜	la llamada de la mañana 라 야마다 데 라 마냐나

모자	la gorra (운동모) 라 고라	목구멍	la garganta 라 가르간따
모자	el gorro (빵모자) 엘 고로로	목덜미	la nuca 라 누까
모으다	reunir 뢰우니르	목도리	la bufanda 라 부판다
모이다	reunirse 뢰우니르세	목숨	la vida 라 비다
모조	la imitación 라 이미따씨온	목요일	el jueves 엘 후에베스
모조품	la imitación 라 이미따씨온	목욕	el baño 엘 바뇨
모조하다	imitar 이미따르	목욕시키다	bañar 바냐르
모포	la manta 라 만따	목욕탕	el baño 엘 바뇨
모험	la aventura 라 아벤뚜라	목욕하다	bañarse 바냐르세
모험하다	aventurarse 아벤뚜라르세	목장	la granja 라 그랑하
목	el cuello 앨 꾸에요	목재	la madera 라 마데라
목걸이	el collar 엘 꼬야르	몫	la parte 라 빠르떼

한국어	스페인어	한국어	스페인어
몸	el cuerpo / 엘 꾸에르뽀	무더위	el calor sofocante / 엘 까로르 소포깐떼
몸조심	el cuidado / 엘 꾸이다도	무릎	la rodilla / 라 르로디야
몸조심하다	cuidarse / 꾸이다르세	무슨	qué / 께
몹시	muy, mucho / 무이 무초	무엇	qué / 께
무	el nabo / 엘 나보	묵다	alojarse / 알로하르세
무(無)	nada / 나다	문(門)	la puerta / 라 뿌에르따
무게	el peso / 엘 뻬소	묶다	atar / 아따르
무관심	la indiferencia / 라 인디페렌씨아	문방구점	la papelería / 라 빠뻴레리아
무대	la escena / 라 에세나	문화	la cultura / 라 꿀뚜라

문을 열어 주십시오   Abra la puerta.
아브라 라 뿌에르따

문을 닫아 주십시오   Cierre la puerta.
씨에레 라 뿌에르따

묻다¹(질문하다)   preguntar
쁘레군따르

묻다²(매장하다)	encerrar 엔쎄라르
물	el agua 엘 아과
물건	la cosa, el objeto 라 꼬사, 엘 오브헤또
물고기	el pez 엘 뻬스
물론	Desde luego 데스데 루에고
물집	la ampolla 라 암뽀야
뮤지컬	el musical 엘 무씨깔
미나리	el perejil 엘 뻬레힐
미등(尾燈)	la luz trasera 라 루스 뜨라세라
미래	el futuro 엘 푸뚜로
미망인	la viuda 라 비우다
미리	de antemano 데 안떼마노
미소(微笑)	la sonrisa 라 손뤼사
미소하다	sonreír 손뢰이르
미술	las bellas artes 라스 베야스 아르떼스
미술관	el museo 엘 무세오
미안합니다	Lo siento 로 씨엔또
미용사	la peluquera 라 뻴루께라

물 한 잔 부탁합니다　Un vaso de agua, por favor.
운 바소 데 아과 뽀르 파보르

미국(美國)　los Estados Unidos de América
로스 에스따도스 우니도스 데 아메리까

미국 사람　estadounidense
에스따도우니덴세

민족	la raza 라 라사	밀가루	la harina de trigo 라 아리나 데 뜨리고
민주주의	la democracia 라 데모끄라씨아	밀다	empujar 엠뿌하르
믿다	creer 끄레에르	밀월	la luna de miel 라 루나 데 미엘
내 말을 믿어라	Créeme. 끄레에메	밀월 여행	la luna de miel 라 루나 데 미엘
믿음	la creencia 라 끄레엔씨아	밀크	la leche 라 레체
밀	el trigo 엘 뜨리고	밑화장	la fundación 라 푼다씨온

미용실	el salón de belleza 엘 사롱 데 베예사
미장원	el salón de belleza 엘 살롱 데 베예사
	la peluquería 라 뻴루께리아
미혼자	el soltero, la soltera 엘 솔떼로 라 솔떼라
미화(美貨)	el dólar estadounidense 엘 도라르 에스따도우니덴세
밀크 커피	el café con leche 엘 까페 꼰 레체

한국어	스페인어	한국어	스페인어
바	el bar 엘 바르	바람¹	el deseo 엘 데세오
바구니	el cesto 엘 쎄스또	바람²	el viento 엘 비엔또
바꾸다	cambiar 깜비아르	바람이 분다	Sopla 소쁠라
바꿔 타기	el transbordo 엘 뜨란스보르도	바쁘다	estar ocupado 에스따르 오꾸빠도
바꿔 타다	transbordar 뜨란스보르다르	바지	el pantalón 엘 빤딸론
바나나	el plátano 엘 쁠라따노	바텐더	el barman 엘 바르만
바느질	la costura 라 꼬스뚜라	박물관	el museo 엘 무세오
바느질하다	coser 꼬세르	박사	el doctor (남자) 엘 독또르
바다	el mar 엘 마르		la doctora (여자) 라 독또라
바닥	el suelo 엘 수엘로	박아넣다	engastar 엥가스따르
바라다	desear 데세아르	박하	la menta 라 멘따
바라보다	mirar 미라르	밖	el exterior 엘 에스떼리오르

밖에	fuera 푸에라
반(半)	la mitad 라 미딷
반(班)	la clase 라 끌라세
반갑습니다	Me alegro. 메 알레그로
반지	el anillo 엘 아니요
반창고	la tirita 라 띠리따
받다	recibir 뤠씨비르
받아들이다	aceptar 아쎕따르
발	el pie 엘 삐에
발목	el tobillo 엘 또비요
발생하다(일이)	ocurrir 오꾸리르
발코니	el balcón 엘 발꼰
밝다	ser claro 세르 끌라로
밝음	la claridad 라 끌라리닫
밤¹	la noche 라 노체
밤에	por la noche 뽀르 라 노체

반가웠습니다 Mucho gusto
무초 구스또

무척 반갑습니다 Me alegro mucho.
메 알레그로 무초

뵙게 되어서 반갑습니다 Me alegro de verle.
메 알레그로 데 베를레

밤 열 시다 Son las diez de la noche.
손 라스 디에스 델 라 노체

밤²((과실))	la castaña 라 까스따냐
밤색	el castaño 엘 까스따요
밥	la comida 라 꼬미다
방	la habitación 라 아비따씨온
방문	la visita 라 비씨따
방문객	el visitante 엘 비씨딴떼
방문하다	visitar 비씨따르
방석	el cojín 엘 꼬힌
방송	la emisión 라 에미씨온
방학	las vacaciones 라스 바까씨오네스
배¹((과실))	la pera 라 뻬라
배³((해부))	el vientre 엘 비엔뜨레
배(倍)	la vez 라 베스
배고프다	tener hambre. 떼네르 암브레

밥 먹읍시다	Vamos a comer. 바모스 아 꼬메르
방송국	la estación de emisión 라 에스따씨온 데 에미씨온
배²((탈것))	el barco, el buque 엘 바르꼬 엘 부께
나는 배고프다	Tengo hambre. 뗑고 암브레
나는 무척 배고프다	Tengo mucha hambre. 뗑고 무차 암브레

배고픔	el hambre 엘 암브레	백만	un millón 운 미욘
배다리	el puente 엘 뿌엔떼	백발	la cana 라 까나
백(百)	ciento 씨엔또	백포도주	el vino blanco 엘 비노 블랑꼬
백 달러	cien dólares 씨엔 돌라레스	뱀	la serpiente 라 세르삐엔떼
백 유로	cien euros 씨엔 에우로스	버섯	el champiñón 엘 참삐뇬
백 페소	cien pesos 씨엔 뻬소스	버스	el autobús 엘 아우또부스
백과사전	la enciclopedia 라 엔씨끌로뻬디아	버찌	la cereza 라 쎄레싸

배고파 죽겠습니다	Me muero de hambre. 메 무에로 데 암브레
너 배고프니?	¿Tienes hambre? 띠에네스 암브레
예, 배고픕니다	Sí, tengo hambre. 씨 뗑고 암브레
아닙니다, 배고프지 않습니다	No, no tengo hambre. 노 노 뗑고 암브레
백화점	los grandes almacenes 로스 그란데스 알마쎄네스

버터	la mantequilla 라 만떼끼야
벌((곤충))	la abeja 라 아베하
벌(罰)	el castigo 엘 까스띠고
범((동물))	el tigre 엘 띠그레
범퍼	el parachoque 엘 빠라초께
벗다	quitarse 끼따르세
벚나무	el cerezo 엘 쎄레쏘
베개	la almohada 라 알모아다
베네수엘라	Venezuela 베네수엘라
베네수엘라의	venezolano 베네솔라노
베이컨	el tocino 엘 또씨노
벤치	el banco 엘 방꼬
벨트	el cinturón 엘 씬뚜론
벽	la pared 라 빠렏
버스 정류소	la parada de autobuses 라 빠라다 데 아우또부세스
버스 터미널	la terminal de autobuses 라 떼르미날 데 아우또부세스
베네수엘라 사람	el venezolano (남자) 엘 베네솔라노
	la venezolana (여자) 라 베네솔라나
벽난로	la chimenea francesa 라 치메네아 프란쎄사

벽시계	el reloj de pared 엘 룈로흐 데 빠렏	보관하다	guardar 구아르다르
변(便)	el excremento 엘 에스끄레멘또	보급하다	abastecer 아바스떼쎄르
변소	el servicio 엘 세르비씨오	보기	el ejemplo 엘 에헴쁠로
변호사	el abogado (남자) 엘 아보가도	보내다	enviar 엠비아르
	la abogada (여자) 라 아보가다	보다	ver 베르
별	la estrella 라 에스뜨레야	보답	la retribución 라 뢰뜨리부씨온
별미	el sabor exquisito 엘 사보르 에스끼씨또	보답하다	retribuir 뢰뜨리부이르
병(瓶)	la botella 라 보떼야	보도(步道)	la acera 라 아쎄라
한 병	una botella 우나 보떼야	보도(報道)	la información 라 임포르마씨온
두 병	dos botellas 도스 보떼야스	보도하다	informar 임포르마르
병(病)	la enfermedad 라 엠페르메닫	보따리	el bulto 엘 불또
병원	el hospital 엘 오스삐딸	보리	la cebada 라 쎄바다

76

한국어	스페인어	한국어	스페인어
보석(寶石)	la joya 라 호야	볼펜	el bolígrafo 엘 볼리그라포
보석상	la joyería (가게) 라 호예리아	봄	la primavera 라 쁘리마베라
	el joyero (남자) 엘 호예로	봉사	el servicio 엘 세르비씨오
	la joyera (여자) 라 호예라	봉사료	el servicio 엘 세르비씨오
보여주다	mostrar 모스뜨라르	봉사하다	servir 세르비르
보통	generalmente 헤네랄멘떼	부(部)	el Ministerio 엘 미니스떼리오
복숭아	el melocotón 엘 멜로꼬똔	부가	la adición 라 아디씨온
본사	la central 라 센뜨랄	부가하다	adicionar 아디씨오나르
본점	la central 라 센뜨랄	부근	la vecindad 라 베씬닫
볼(얼굴의)	la mejilla 라 메히야	부두	el muelle 엘 무에예

보통 열차	el tren ordinario 엘 뜨렌 오르디나리오
본적	el domicilio registrado 엘 도미씰리오 홰히스뜨라도

한국어	스페인어	한국어	스페인어
부르다	llamar 야마르	부품	la pieza 라 삐에사
부모	los padres 로스 빠드레스	북((악기))	el tambor 엘 땀보르
부부	marido y mujer 마리도 이 무헤르	북(北)	el norte 엘 노르떼
부분	la parte 라 빠르떼	북쪽	el norte 엘 노르떼
부엌	la cocina 라 꼬시나	북한	Corea del Norte 꼬레아 델 노르떼
부족	la falta 라 팔따	분	la persona 라 뻬르소나
부족하다	faltar 팔따르	분(分)	el minuto 엘 미누또
부조종사	el copiloto 엘 꼬삘로또	분(粉)	los polvos 로스 뽈보스
부추	el puerro 엘 뿌에르로	불	el fuego 엘 푸에고
부츠	las botas 라스 보따스	붉다	ser rojo 세르 르로호
부터	desde, de 데스데 데	붉은 색	el color rojo 엘 꼴로르 르로호
불시착			el aterrizaje forzoso 엘 아떼리사헤 포르소소

한국어	스페인어	한국어	스페인어
브랜디	el brandy 엘 브랜디	비누	el jabón 엘 하본
브레이크	el freno 엘 프레노	비스킷	la galleta 라 가예따
브로치	el broche 엘 브로체	비옷	el impermeable 엘 임뻬르메아블레
브로콜리	los brécoles 로스 브로꼴레스	비용	el coste 엘 꼬스떼
블라우스	la blusa 라 블루사	비자	el visado (스페인) 엘 비사도
블랙커피	el café solo 엘 까페 솔로		la visa (중남미) 라 비사
비	la escoba 라 에스꼬바	비타민	la vitamina 라 비따미나
비(雨)	la lluvia 라 유비아	비프스테이크	el bistec 엘 비스떽
비가 내린다	Llueve 유에베	비행기	el avión 엘 아비온
비계	la grasa 라 그라사	비행기 안에서	en el avión 엥 엘 아비온

비상구   la salida de emergencia
라 살리다 데 에메르헨씨아

비행기로[를 타고]   en avión
엥 아비온

빗	el peine 엘 뻬이네	빵	el pan 엘 빵
빗다	peinarse 뻬이나르세	빵집	la panadería 라 빠나데리아
빚	la deuda 라 데우다	빼다	extraer 에스뜨라에르
빛	la luz 라 루스	삐다	torcerse 또르세르세
빨리	rápido 라삐도	삠	la torcedura 라 또르세두라

비행기를 놓치다   perder el avión
                                           뻬르데르 엘 아비온

비행기를 타다   tomar el avión
                                         또마르 엘 아비온

비행기를 태우다   elogiar
                                         엘로히아르

빠른 우편   el correo rápido
                                         엘 꼬레오 라삐도

빵장수   el panadero (남자)
                                         엘 빠나데로

                                         la panadera (여자)
                                         라 빠나데라

한국어	스페인어	한국어	스페인어
사(四)	cuatro 꾸아뜨로	사무소	la oficina 라 오피씨나
사과 ((과실))	la manzana 라 만사나	사무실	la oficina 라 오피씨나
사과나무	el manzano 엘 만사노	사백	cuatrocientos 꾸아뜨로씨엔또스
사과주	la sidra 라 씨드라	사십	cuarenta 꾸아렌따
사다	comprar 꼼쁘라르	사용	el uso 엘 우소
사람	el hombre 엘 옴브레	사용하다	usar 우사르
사랑	el amor 엘 아모르	사월	abril 아브릴
사랑하다	amar 아마르	사육	la cría 라 끄리아
사망	la muerte 라 무에르떼	사육자	el criador 엘 끄리아도르
사망하다	morir 모리르	사육하다	criar 끄리아르

나는 당신을 사랑합니다   Yo te amo.
요 떼 아모

사립 박물관   el museo particular
엘 무세오 빠르띠꿀라르

사이즈	el tamaño 엘 따마요
사자((동물))	el león 엘 레온
사전(辭典)	el diccionario 엘 딕씨오나리오
사진	la foto 라 포또
사촌	el primo (남자) 엘 쁘리모
	la prima (여자) 라 쁘리마
사파이어	el zafiro 엘 사피로
산소(酸素)	el oxígeno 엘 옥씨헤노
산책	el paseo 엘 빠세오
산책하다	pasear 빠세아르
살	la carne 라 까르네
살구	el albaricoque 엘 알바리꼬께
살다	vivir 비비르
살찌다	engordar 엔고르다르
삶	la vida 라 비다
삶다	cocer 꼬쎄르
삼(三)	tres 뜨레스
삼(蔘)((식물))	el cáñamo 엘 까냐모

산소 마스크 la máscara de oxígeno
라 마스까라 데 옥씨헤노

어디 사십니까? ¿Dónde vive usted?
돈데 비베 우스뗄

서울에서 삽니다 Vivo en Seúl.
비보 엔 세울

삼백	trescientos 뜨레스씨엔또스		el pájaro 엘 빠하로
삼십	treinta 뜨레인따	새끼(동물의)	la cría 라 끄리아
삼월	marzo 마르쏘	새롭다	ser nuevo 세르 누에보
상관없다	No importa. 노 임뽀르따	새우	el camarón 엘 까마론
상상하다	suponer 수뽀네르	색(色)	el color 엘 꼴로르
상자	la caja 라 까하	샌드위치	el bocadillo 엘 보까디요
상점	la tienda 라 띠엔다	샐러드	la ensalada 라 엔살라다
상처	la herida 라 에리다	생각	el pensamiento 엘 뻰사미엔또
상추	la lechuga 라 레추가	생각하다	pensar 뻰사르
상표	la marca 라 마르까	생강	el jengibre 엘 헹히브레
새((조류))	el ave (큰) 엘 아베	생과자점	la pastelería 라 빠스뗄레리아
나는 상관없다			No me importa. 노 메 임뽀르따

생기다 (일이)	pasar 빠사르	샤워	la ducha 라 두차
생명	la vida 라 비다	샤워하다	ducharse 두차르세
생선	el pescado 엘 뻬스까도	샴페인	el champán 엘 참빤
생선 가게	la pescadería 라 뻬스까데리아	샴푸	el champú 엘 참뿌
생일	el cumpleaños 엘 꿈쁠레아뇨스	샹들리에	la araña 라 아라냐
생태 관광	eco turismo 에꼬 뚜리스모	서두르다	darse prisa 다르세 쁘리사
생활	la vida 라 비다	서둘러라	Date prisa 다떼 쁘리사

생년월일	la fecha de nacimiento 라 페차 데 나씨미엔또
생맥주	la cerveza de barril 라 쎄르베싸 데 바르릴
생선 장수	el pescadero (남자) 엘 뻬스까데로 la pescadera (여자) 라 뻬스까데라
생일을 축하합니다	¡Feliz cumpleaños! 펠리스 꿈쁠레아뇨스

한국어	스페인어	한국어	스페인어
서랍	el cajón 엘 까혼	선물	el regalo 엘 뢰갈로
서류	el documento 엘 도꾸멘또	선물하다	regalar 뢰갈라르
서명	la firma 라 피르마	선반	el estante 엘 에스딴떼
서명하다	firmar 피르마르	선수	el jugador (남자) 엘 후가도르
서비스	el servicio 엘 세르비씨오		la jugadora (여자) 라 후가도라
서비스료	el servicio 엘 세르비씨오	선실	el camarote 엘 까마로떼
서비스하다	servir 세르비르	선장	el capitán 엘 까삐딴
서점	la librería 라 리브레리아	설비	las facilidades 라스 파실리다데스
섞다	mezclar 메스끌라르	설탕	el azúcar 엘 아수까르
선(線)	la línea 라 리네아	설탕 그릇	el azucarero 엘 아쑤까레로
선글라스	las gafas de sol 라스 가파스 데 솔	섭섭하다	sentir 센띠르

여기 서명해 주십시오   Firme ustde aquí.
피르메 우스뗃 아끼

성당	la catedral 라 까떼드랄	셋	tres 뜨레스
성생활	la vida sexual 라 비다 섹수알	셔츠	la camisa 라 까미사
성인(成人)	el adulto 엘 아둘또	셔터	el disparador 엘 디스빠라도르
성인(聖人)	el santo (남자) 엘 산또	소	la vaca (암) 라 바까
	la santa (여자) 라 산따		el buey (수) 엘 부에이
세관	la aduana 라 아두아나	소가죽	el cuero de vaca 엘 꾸에로 데 바까
세금	el impuesto 엘 임뿌에스또	소개	la presentación 라 쁘레센따씨온
세면대	el lavabo 엘 라바보	소개하다	presentar 쁘레센따르
세탁소	la lavandería 라 라반데리아	소고기	la carne de vaca 라 까르네 데 바까
세관원			el aduanero (남자) 엘 아두아네로
			la aduanera (여자) 라 아두아네라
셀프서비스			el autoservicio 엘 아우또세르비씨오

소금	la sal 라 살	소스	la salsa 라 살사
소금 그릇	el salero 엘 살레로	소시지	la salchicha 라 살치차
소다	la soda 라 소다	소파	el sofá 엘 소파
소매상	el detallista 엘 데따이스따	소포	el paquete 엘 빠께떼
소비	el consumo 엘 꼰수모	소화 불량	la indigestión 라 인디헤스띠온
소비자	consumidor 꼰수리도르	속	el interior 엘 인떼리오르
소비하다	consumir 꼰수미르	속담	el proverbo 엘 쁘로베르보
소설	la novela 라 노벨라	속도	la velocidad 라 벨로씨닫
소설가	el novelista 엘 노벨리스따	속옷	la ropa interior 라 르로빠 인떼리오르

소매   la venta al por menor
라 벤따 알 뽀르 메노르

소매하다   vender al por menor
벤데르 알 뽀르 메노르

속도 제한   el límite de velocidad
엘 리미떼 데 벨로씨닫

속이다	engañar 엔가냐르	손톱깎이	el cortaúñas 엘 꼬르따우냐스
속임수	el engaño 엘 엥가뇨	송금	la remesa 라 뢰메사
손	la mano 라 마노	송금하다	enviar el dinero 엠비아르 엘 디네로
손가락	el dedo 엘 데도	송아지	el ternero 엘 떼르네로
손님	el cliente 엘 끌리엔떼	송아지 고기	la ternera 라 떼르네라
손수건	el pañuelo 엘 빠뉴엘로	쇠고기	la carne de vaca 라 까르네 데 바까
손수레	la carretilla 라 까뢰띠야	쇼핑	la compra 라 꼼쁘라
손질하다	arreglar 아뢰글라르	쇼핑 가다	ir de compras 이르 데 꼼쁘라스
손톱	la uña 라 우냐	쇼핑 백	la bolsa 라 볼사

손을 씻어라   Lávate las manos.
라바떼 라스 마노스

손톱을 깎아라   Córtate las uñas.
꼬르따떼 라스 우냐스

쇼핑하다   hacer las compras
아쎄르 라스 꼼쁘라스

쇼핑 카트	carrito 까르리또	수송하다	transportar 뜨란스뽀르따르
수(數)	el número 엘 누메로	수수료	la comisión 라 꼬미씨온
수건	la toalla 라 또아야	수업	la clase 라 끌라세
수리	el arreglo 엘 아뢰글로	수요일	el miércoles 엘 미에르꼴레스
수리하다	el arreglar 엘 아뢰글라르	수입	la importación 라 임뽀르따씨온
수박((과실))	la sandía 라 산디아	수입업자	el importador 엘 임뽀르따도르
수송	la transporte 라 뜨란스뽀르떼	수입하다	importar 임뽀르따르

나는 쇼핑을 해야 한다.
Tengo que hacer algunas compras.
뗑고 께 아쎄르 알구나스 꼼쁘라스

쇼핑 거리
la calle comercial
라 까예 꼬메르씨알

쇼핑 센터
el centro comercial
엘 쎈뜨로 꼬메르씨알

수송기
el avión de transporte
엘 아비온 데 뜨란스뽀르떼

수정(水晶)	el cristal 엘 끄리스딸	수하물	el equipaje 엘 에끼빠헤
수출	la exportación 라 에스뽀르따씨온	숙박부	el registro 엘 뢰히스뜨로
수출업자	el exportador 엘 에스뽀르따도르	숟가락	la cuchara 라 꾸차라
수출하다	exportar 에스뽀르따르	숫자	el número 엘 누메로
수표	el cheque 엘 체께	쉬다	descansar 데스깐사르
수프	la sopa 라 소빠	스냅	la instantánea 라 인스딴따네아
수프 그릇	la sopera 라 소뻬라	스물	veinte 베인떼

수표책	el talonario de cheque 엘 딸로나리오 데 체께
수하물 교환권	el talón de equipaje 엘 딸론 데 에끼빠헤
수하물 예치소	la consigna 라 꼰씨그나
수하물 취급소	el despacho de equipajes 엘 데스빠초 데 에끼빠헤스
슈퍼마켓	el supermercado 엘 수뻬르메르까도

스웨터	el jersey 엘 헤르세이	슬라이드	la diapositiva 라 디아뽀씨띠바
스카프	el pañuelo 엘 빠뉴엘로	슬프다	estar triste 에스따르 뜨리스떼
스커트	la falda 라 팔다	슬픔	la tristeza 라 뜨리스떼사
스타킹	las medias 라스 메디아스	승강기	el ascensor 엘 아센소르
스튜어디스	la azafata 라 아싸파따	승객	el pasajero 엘 빠사헤로
스파게티	el spagheti 엘 스빠게띠	승무원	el tripulante 엘 뜨리뿔란떼
스페인	España 에스빠냐	시(時)	la hora 라 오라
스페인어	el español 엘 에스빠뇰	시(市)	la ciudad 라 씨우닫

스페어 타이어	el neumático de repuesto 엘 네우마띠꼬 데 레뿌에스또
스페인 사람	el español (남자) 엘 에스빠뇰
	la española (여) 라 에스빠뇰라
스페인 요리	el plato español 엘 쁠라또 에스빠뇰

한국어	스페인어	한국어	스페인어
시(詩)	el poema 엘 뽀에마	시설	las facilidades 라스 파씰리다데스
시가	el cigarro 에 씨가로	시세	la cotización 라 꼬띠사씨온
시각(視覺)	la vista 라 비스따	시야	la vista 라 비스따
시간표	el horario 엘 오라리오	시월(十月)	octubre 옥뚜브레
시계	el reloj 엘 룈로흐	시인	el poeta 엘 뽀에따
시계 수리공	el relojero 엘 룈로헤로	시작	el comienzo 엘 꼬미엔쏘
시계포	la relojería 라 룈로헤리아	시작하다	comenzar 꼬멘사르
시금치	la espinaca 라 에스삐나까	시장(市長)	el alcalde (남자) 엘 알깔데
시다 (맛이)	Es agrio. 에스 아그리오		la alcaldesa (여자) 라 알깔데사
시럽	el jarabe 엘 하라베	시장(市場)	el mercado 엘 메르까도
시간	la hora, el tiempo 라 오라, 엘 띠엠뽀		
시간은 돈이다	El tiempo es oro 엘 띠엠뽀 에스 오로		

한국어	스페인어	한국어	스페인어
시차	la diferencia horaria 라 디페렌씨아 오라리아	식욕	el apetito 엘 아뻬띠또
시트	la sábana 라 사바나	식전	antes de comer 안떼스 데 꼬메르
식당	el restaurante 엘 뤠스따우란떼	식초	el vinagre 엘 비나그레
식료품	el comestible 엘 꼬메스띠블레	식품	los alimentos 로스 알리멘또스
식물	la planta 라 쁠란따	식후	después de comer 데스뿌에스 데 꼬메르
식사	la comida 라 꼬미다	신(神)	Dios 디오스

시집   la antología de poesías
라 안똘로히아 데 뽀에씨아스

이 식당 음식 솜씨가 좋군요.
Se come bien en este restaurante.
세 꼬메 비엔 엔 에스떼 뤠스따우란떼

식당차   el coche restaurante
엘 꼬체 뢰스따우란떼

식료품점   la tienda de comestibles
라 띠엔다 데 꼬메스띠블레스

식사 시간이다   Es hora de comer.
에스 오라 데 꼬메르

신경	el nervio 엘 네르비오	신용장	la carta de crédito 라 까르따 데 끄레디또
신고	la declaración 라 데끌라라씨온	신청	la solicitud 라 솔리씨뚣
신고하다	declarar 데끌라라르	신청하다	solicitar 솔리씨따르
신기록	el nuevo récord 엘 누에보 뢰꼬르	신학	la teología 라 떼올로히아
신다	ponerse 뽀네르세	신형	el nuevo modelo 엘 누에보 모델로
신문	el periódico 엘 뻬리오디꼬	신호	la señal 라 세냘
	el diario (일간지) 엘 디아리오	신혼	la luna de miel 라 루나 데 미엘
신문 기자	el periodista 엘 뻬리오디스따	싣다	cargar 까르가르
신분증	el carné 엘 까르네	실	el hilo 엘 일로
신사	el caballero 엘 까바예로	실과	la fruta 라 푸르따
신사 숙녀 여러분		Damas y caballeros 다마스 이 까바예로스	
신용 카드		la tarjeta de crédito 라 따르헤따 데 끄레디또	

실수	la falta 라 팔따	싸다(값이)	Es barato. 에스 바라또
십	diez 디에스	쌀	el arroz 엘 아르로스
십만	cien mil 씨엔 밀	쌀밥	el arroz blanco 엘 아르로스 블랑꼬
십사	catorce 까또르쌔	쌍	el par 엘 빠르
십삼	trece 뜨레쎄	쌍안경	los gemelos 로스 헤멜로스
십오	quince 낀쎄	쓰다(맛이)	Es amargo. 에스 아마르고
십이	doce 도쎄	쓰다(글을)	escribir 에스끄리비르
십이월	diciembre 디씨엠브레	쓸개	el hígado 엘 이가도
십일	once 온쎄	씻다	lavarse 라바르세
십일월	noviembre 노비엠브레		

싱겁다 (맛이)   Es desabrido. 에스 데스아브리도

싱글 베드   la cama sencilla 라 까마 센씨야

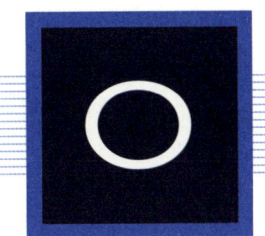

아	¡Ah! 아
아내	la mujer 라 무헤르
	la esposa (중남미) 라 에스뽀사
아니다	no 노
아들	el hijo 엘 이호
아르헨티나	la Argentina 라 아르헨띠나
아름다움	la hermosura 라 에르모수라
아름답다	(ser) hermoso (세르) 에르모소
아메리카	la América 라 아메리까
아무것도(아니다)	nada 나다
아르헨티나 남자	el argentino 엘 아르헨띠노
아르헨티나 여자	la argentina 라 아르헨띠나
남아메리카	la América del Sur 라 아메리까 델 수르
라틴 아메리카	la América Latina 라 아메리까 라띠나
북아메리카	la América del Norte 라 에메리까 델 노르떼
아몬드 ((과실))	la almendra 라 알멘드라
나는 아무것도 없다	No tengo nada 노 뗑고 나다

아무도(아니다)	nadie 나디에	아침밥	el desayuno 엘 데사유노
아버지	el padre 엘 빠드레	아침밥을 먹다	desayunar 데사유나르
아빠	el papá 엘 빠빠	아카데미	la academia 라 아까데미아
아이스크림	el helado 엘 엘라도	아프다	tener dolor 떼네르 돌로르
아직	todavía 또다비아		estar enfermo 에스따르 엠페르모
아침	la mañana 라 마냐나	아홉	nueve 누에베

아무도 없다 — No hay nadie.
노 아이 나디에

아스파라가스 — el espárrago
엘 에스빠라고

아이스크림 가게 — la heladería
라 엘라데리아

아직 시간이 이르다 — Todavía es temprano
또다비아 에스 뗌쁘라노

나는 머리가 아프다 — Tengo dolor de cabeza
뗑고 돌로르 데 까베사

나는 배가 아프다 — Tengo dolor de estómago.
뗑고 돌로르 데 에스또마고

안경	las gafas 라스 가파스	앉으십시오	Siéntese. 씨엔떼세
안내	la información 라 임포르마씨온	앉읍시다	Sentémonos. 센떼모노스
안내소	la información 라 임포르마씨온	알다	saber, conocer 사베르 꼬노세르
안내원	el guía (남자) 엘 기아	알리다	avisar 아비사르
	la guía (여자) 라 기아	알약	la pastilla 라 빠스띠야
안녕	¡Adiós! 아디오스	앞에	delante 델란떼
안락의자	el sillón 엘 씨욘	앞치마	el delantal 엘 델란딸
앉다	sentarse 센따르세	야간	la noche 라 노체
앉아라	Siéntate. 씨엔따떼	야영	campamento 깜빠멘또

나는 이가 아프다   Tengo dolor de muela
                       뗑고 돌로르 데 무엘라

여기 앉읍시다   Sentémonos aquí.
                      센떼모노스 아끼

액셀러레이터   el acelerador
                     엘 아셀레라도르

야영하다	acampar 아깜빠르	양념	el condimento 엘 꼰디멘또
야채	las verduras 라스 베르두라스	양념하다	condimentar 꼰디멘따르
야채 가게	la verdulería 라 베르둘레리아	양탄자	la alfombra 라 알폼브라
약	la medicina 라 메디씨나	얼굴	la cara 라 까라
약간	un poco 움 뽀꼬	여름	el verano 엘 베라노
약국	la farmacia 라 파르마씨아	여행	el viaje 엘 비아헤
양(羊)	la oveja 라 오베하	여행객	el viajero (남자) 엘 비아헤로
양고기	el cordero 엘 꼬르데로		la viajera (여자) 라 비아헤라

야간 열차 el tren nocturno
엘 뜨렌 녹뚜르노

약제사 el farmacéutico (남자)
엘 파르마세우띠꼬

la farmacéutica (여자)
라 파르마세우띠까

여름 방학 las vacaciones de verano
라스 바까씨오네스 데 베라노

1회 2회 3회

여행자	el viajero (남자) 엘 비아헤로	역시	también 땀비엔
	la viajera (여자) 라 비아헤라	역장	el jefe de estación 엘 헤페 데 에스따씨온
여행하다	viajar 비아하르	연어	el salmón 엘 살몬
역	la estación 라 에스따씨온	연필	el lápiz 엘 라삐스
역사(歷史)	la historia 라 이스또리아	연필깎이	el sacapuntas 엘 사까뿐따스
역사가	el historiador (남) 엘 이스또리아도르	열(十)	diez 디에스
	la historiadora (여) 라 이스또리아도라	열(列)	la cola 라 꼴라

여행자 수표   el cheque de viajero
엘 체께 데 비아헤로

나는 스페인을 여행한다   Yo viajo por España.
요 비아호 뽀르 에스빠냐

나는 여행하고 싶다   Yo quiero viajar.
요 끼에로 비아하르

나는 라틴 아메리카를 여행하고 싶다
Yo quiero viajar por la América Latina.
요 끼에로 비아하르 뽀르 라 아메리까 라띠나

열(熱)	el calor 엘 까로르
열넷	catorce 까또르세
열다	abrir 아브리르
열다섯	quince 낀세
열둘	doce 도쎄
열량	la caloría 라 깔로리아
열리다	abrirse 아브리르세
열병	la fiebre 라 피에브레
열셋	trece 뜨레쎄
열쇠	la llave 라 야베
열하나	once 온쎄
염색	el tinte 엘 띤떼
염색소	la tintorería 라 띤또레리아
염색하다	tintar 띤따르
염증	la inflamación 라 임플라마씨온
엽궐련	el cigarro 엘 씨가르로
엽서	la postal 라 뽀스딸
영국	Inglaterra 잉글라떼라
영국 사람	el inglés (남) 엘 잉글레스
	la inglesa (여) 라 잉글레사
영사기	el proyector 엘 쁘로옉또르
영수증	el recibo 엘 뢰씨보
영어	el inglés 엘 잉글레스
예, 합니다	Sí, hablo. 씨 아블로

영화	la película 라 뻴리꿀라
옆	el lado 엘 라도
예	sí 씨
예금	el depósito 엘 데뽀씨또
예금하다	depositar 데뽀씨따르
예방 접종	la vacunación 라 바꾸나씨온
예쁘다	ser bonito 세르 보니또
예약	la reservación 라 뢰세르바씨온
예약하다	reservar 뢰세르바르
오(五)	cinco 씽꼬
오늘	hoy 오이
오늘 밤	esta noche 에스따 노체

영어 하십니까	¿Habla usted inglés? 아블라 우스뗃 잉글레스
아닙니다, 못합니다	No, no hablo. 노 노 아블로
예방 접종 증명서	certificado sanitario 세르띠피까도 사니따리오
예비 바퀴	la rueda de repuesto 라 루에다 데 뢰뿌에스또
오늘은 며칠입니까	¿Qué día del mes hoy? 께 디아 델 메스 오이
오늘은 무슨 요일입니까	¿Qué día es hoy? 께 디아 에스 오이

한국어	스페인어	한국어	스페인어
오늘 아침	esta mañana 에스따 마냐나	오렌지색	la naranja 라 나랑하
오늘 저녁	esta noche 에스따 노체	오렌지 주스	la naranjada 라 나랑하다
오다	venir	오르다	subir 수비르
오너라	Ven 벤	오른쪽	la derecha 라 데레차
오십시오	Venga 벵가	오리	el pato 엘 빠또
이리 오너라	Ven acá 벤 아까	오믈렛	la tortilla 라 또르띠야
이리 오십시오	Venga acá 벵가 아까	오백	quinientos 끼니엔또스
오래	mucho tiempo 무초 띠엠뽀	오버슈즈	los chanclos 로스 찬끌로스
오랫동안	mucho tiempo 무초 띠엠뽀	오십	cincuenta 씽꾸엔따
오렌지	la naranja 라 나랑하	오월	mayo 마요
오렌지나무	el naranjo 엘 나랑호	오이	el pepino 엘 뻬삐노

오른쪽으로 도십시오   Tuerza a la derecha.
뚜에르사 알 라 데레차

오전	la mañana 라 마냐나
오토바이	la moto 라 모또
오트밀	la gacha de avena 라 가차 데 아베나
오팔((광물))	el ópalo 엘 오빨로
오후	la tarde 라 따르데
옥(玉)((광물))	el jade 엘 하데
옥수수	el maíz 엘 마이스
옥수수 부침개	la tortilla 라 또르띠야
온몸	todo el cuerpo 또도 엘 꾸에르뽀
온두라스((나라))	Honduras 온두라스
온두라스 사람	el hondureño (남) 엘 온두레뇨 la hondureña (여) 라 온두레냐
올리다	subir 수비르
올리브	la aceituna (열매) 라 아쎄이뚜나 el olivo (나무) 엘 올리보
올리브유	el aceite 엘 아쎄이떼
옳다	tener razón 떼네르 롸손
옵서버	el observador 엘 옵세르바도르
옵션	la opción 라 옵씨온
옷	la ropa 라 르로빠
옷을 벗다	quitarse la ropa 끼따르세 라 르로빠

옷걸이	la percha 라 뻬르차	완불	el pago completo 엘 빠고 꼼쁠레또
옷소매	la manga 라 망가	완전	la perfección 라 뻬르펙씨온
옷장	el armario 엘 아르마리오	완전하다	ser perfecto 세르 뻬르펙또
와	y 이	완전히	perfectamente 뻬르펙따멘떼
와이셔츠	la camisa 라 까미사	완행열차	el tren local 엘 뜨렌 로깔
와인	el vino 엘 비노	왕(王)	el rey 엘 뤠이
완두	el guisante 엘 기산떼	왕복	ida y vuelta 이다 이 부엘따

옷을 입다   ponerse la ropa
뽀네르세 라 르로빠

와이퍼   el limpiaparabrisas
엘 림삐아빠라브리사스

완전한 사람은 없다   Nadie es perfecto.
나디에 에스 뻬르펙또

왕복표   el billete de ida y vuelta (스페인)
엘 비예떼 데 이다 이 부엘따

el boleto de ida y vuelta (중남미)
엘 볼레또 데 이다 이 부엘따

한국어	스페인어	한국어	스페인어
왕비	la reina 라 레이나	요금	el pasaje 엘 빠사헤
왕새우	la langosta 라 랑고스따	요금표	la lista de precios 라 리스따 데 쁘레씨오스
왕자	el príncipe 엘 쁘린씨뻬	요리	el plato 엘 쁠라도
외관	la apariencia 라 아빠리엔씨아	요리사	el cocinero (남자) 엘 꼬씨네로
외국	el país extranjero 엘 빠이스 에스뜨랑헤로		la cocinera (여자) 라 꼬씨네라
왼쪽	la izquierda 라 이스끼에르다	요리하다	cocinar 꼬씨나르
왼쪽의	izquierdo 이스끼에르도	요릿집	el restaurante 엘 뤠스따우란떼
왼쪽으로	a la izquierda 알 라 이스끼에르다	월요일입니다	Es lunes. 에스 루네스
외국어	la lengua extranjera 라 렝구아 에스뜨랑헤라		
외국인	el extranjero (남자) 엘 에스뜨랑헤로		
	la extranjera (여자) 라 에스뜨랑헤라		
요일	los días de la semana 로스 디아스 델 라 세마나		

화요일입니다	Es martes. 에스 마르떼스	우유	la leche 라 레체
욕실	el baño 엘 바뇨	우체국	los correos 로스 꼬뤠오tm
욕조	la bañera 라 바녜라	우편	el correo 엘 꼬뤠오
용서	el perdón 엘 뻬르돈	우편배달부	el cartero 엘 까르떼로
용서하다	perdonar 뻬르도나르	우편 요금	el franqueo 엘 프랑께오

오늘은 무슨 요일입니까?   ¿Qué dia es hoy?
께 디아 에스 오이

수요일입니다   Es miércoles.
에스 미에르꼴레스

목요일입니다   Es jueves.
에스 후에베스

금요일입니다   Es viernes.
에스 비에르네스

토요일입니다   Es sábado.
에스 사바도

우체국은 어디로 갑니까

¿Por dónde se va a los correos?
뽀르 돈데 세 바 알 로스 꼬르레오스

우표	el sello 엘 세요
	el timbre (멕시코) 엘 띰브레
운(運)	la suerte 라 수에르떼
운동	el ejercicio 엘 에헤르씨씨오
운임	el pasaje 엘 빠사헤
운전	la conducción 라 꼰둑씨온
운전사	el chófer 엘 초페르
운전하다	conduir 꼰두씨르
울다	llorar 요라르
울지 마라	No llores. 노 요레스
울음	el lloro 엘 요로
웃다	sonreír (미소짓다) 손쮜이르
	reír (소리내어 웃다) 쮀이르
웃음	la sonrisa (미소) 라 손뤼사
	la risa (소리내어) 라 뤼사
원금	el principal 엘 쁘린씨빨
원하다	desear 데세아르
월급	el sueldo mensual 엘 수엘도 멘수알
월요일	el lunes 엘 루네스
위스키	el güisqui 엘 구이스끼

운전 면허증 el carné de conducir
엘 까르네 데 꼰두씨르

월간 잡지 la revista mensual
라 뤠비스따 멘수알

유로(화폐 단위)	el euro / 엘 에우로
유실물	el objeto perdido / 엘 옵헤또 뻬르디도
유월	junio / 후니오
유행성 감기	la influenza / 라 임플루엔사
유혹하다	encantar / 엥깐따르
육	seis / 세이스
육백	seiscientos / 세이스씨엔또스
육십	sesenta / 세센따
육천	seis mil / 세이스 밀
윤리	la ética / 라 에띠까
은(銀)	la plata / 라 쁠라따
은반지	el anillo de plata / 엘 아니요 데 쁠라따

유료 도로　　la autopista de peaje
라 아우또삐스따 데 뻬아헤

유실물 센터　　la oficina de objetos perdidos
라 오피씨나 데 옵헤또스 뻬르디도스

윤리적 관광　　el turismo ético
엘 뚜리스모 에띠꼬

은메달　　la medalla de plata
라 메다야 에 쁠라따

은행에 가려면 어디로 갑니까
¿Por dónde se va al banco?
뽀르 돈데 세 바 알 방꼬

은행	el banco 엘 방꼬	의류	la ropa 라 르로빠
음료	la bebida 라 베비다	의사	el médico (남자) 엘 메디꼬
음식	la comida 라 꼬미다		la médica (여자) 라 메디까
음악	la música 라 무씨까	의약	el medicamento 엘 메디까멘또
음악가	el músico (남자) 엘 무씨꼬	의약품	el medicamento 엘 메디까멘또
	la música (여자) 라 무씨까	의원(議院)	la clínica 라 끌리니까

은행원 el empleado (남자)
엘 엠쁠레아도

la empleada (여자)
라 엠쁠레아다

음주 운전 la conducción en estado de embriaguez
라 꼰둑씨온 엔 에스따도 데 엠브리아게스

응접실 el salón de recepciones
엘 살롱 데 뢰셉씨오네스

의과 대학 la Facultad de Medicina
라 파꿀땃 데 메디씨나

의원(議員) el parlamentario
엘 빠를라멘따리오

의학	la medicina 라 메디씨나	이것	esto 에스또
이((곤충))	el piojo 엘 삐오호	이기다	ganar 가나르
이(齒)	el diente 엘 디엔떼	이기주의	el egoísmo 엘 에고이스모
이(二)	dos 도스	이동 병원	la ambulancia 라 암불란씨아

의원(醫員) el cirujano (남자)
엘 씨루하노

la cirujana (여자)
라 씨루하나

이(지시 형용사) este, esta
에스떼 에스따

이가 아프다 Me duele el diente.
메 두엘레 엘 디엔떼

Me duele la muela.
메 두엘레 라 무엘라

Tengo dolor de muela.
뗑고 돌로르 데 무엘라

이것은 무엇입니까 ¿Qué es esto?
께 에스 에스또

이것은 얼마입니까 ¿Cuánto es esto?
꽌또 에스 에스또

이륙	el despegue 엘 데스뻬게	이민	la emigración 라 에미그라씨온
이륙하다	despegar 데스뻬가르	이민하다	emigrar 에미그라르
이름	el nombre 엘 놈브레	이발	el corte de pelo 엘 꼬르떼 데 뻴로
이마	la frente 라 프렌떼	이발사	el peluquero 엘 뻬루께로

지는 것이 때로는 이기는 것이다.
Perder a veces es ganar.
뻬르데르 아 베쎄스 에스 가나르

이기주의자   el egoísta (남자)
엘 에고이스따

la egoísta (여자)
라 에고이스따

이동 전화   el teléfono móvil
엘 뗄레포노 모빌

이력서   la historia personal
라 이스또리아 뻬르소날

이르다(시간이)   Es temprano.
에스 뗌쁘라노

제 이름은 마리아입니다   Me llamo María.
메 야모 마리아

이발소	la peluquería 라 뻴루께리아
이백	doscientos 도스씨엔또스
이십	veinte 베인떼
이용	el provecho 엘 쁘로베초
이용하다	aprovechar 아쁘로베차르
이월	febrero 페브레로
이유	la razón 라 롸손
이자	el interés 엘 인떼레스
인사	el saludo 엘 살루도
인사하다	saludar 살루다르
인터넷	el internet 엘 인떼르넷
일	el trabajo 엘 뜨라바호
일(一)	uno 우노
일(日)	el día 엘 디아
1일	el 1 (primero) 엘 쁘리메로
1일간	un día 운 디아
2일	el 2 (dos) 엘 도스
2일간	dos días 도스 디아스
일곱	siete 씨에떼
일본	el Japón 엘 하뽄

이코노믹 클래스   la clase económica
라 끌라세 에꼬노미까

나는 일이 없다   No tengo trabajo.
노 뗑고 뜨라바호

한국어	스페인어	한국어	스페인어
일본어	el japonés 엘 하뽀네스	일일(一日)	el primero 엘 쁘리메로
일어나거라	Levántate. 레반따떼	일찍	temprano 뗌쁘라노
일월	enero 에네로	일터	el trabajo 엘 뜨라바호

일본 사람   el japonés (남자)
엘 하뽀네스

la japonesa (여자)
라 하뽀네사

일어나다 (사건이)   ocurrir
오꾸리르

일어나다 (사람이)   levantarse
레반따르세

일어나다¹(불이)   arder
아르데르

일어나다²(바람이)   soplar
소쁠라르

일어나다³(깨어 있다)   despertarse
데스뻬르따르세

일어나다⁴(전기가)   generarse
헤네라르세

일월 1일   el primero de enero
엘 쁘리메로 데 에네로

일하다	trabajar 뜨라바하르	입다	ponerse 뽀네르세
읽다	leer 레에르	입술	el labio 엘 라비오
잃다	perder 뻬르데르	입술연지	el pintalabios 엘 삔따라비오스
입	la boca 라 보까	입학	el ingreso 엘 잉그레소
입 닥쳐라	Cállate. 까야떼	잊다	olvidar 올비다르
입국	la entrada 라 엔뜨라다	잊어버리다	olvidarse 올비다르세

길을 잃었습니다
Me he perdido
메 에 뻬르디도

입국 비자
el visado de entrada
엘 비사도 데 엔뜨라다

바지를 입다
ponerse los pantalones
뽀네르세 로스 빤딸로네스

입학 시험
el examen de ingreso
엘 엑사멘 데 잉그레소

나를 영원히 잊지 마라
No me olvides para siempre.
노 메 올비데스 빠라 씨엠쁘레

자(길이를 재는)	la regla 라 레글라
자다	dormir 도르미르
자동차	el coche 엘 꼬체
자동차로	en coche 엥 꼬체
자두	la ciruela 라 씨루엘라
자르다	cortar 꼬르따르
잘리다	cortarse 꼬르따르세
자매	la hermana 라 에르마나
자명종	el despertador 엘 데스뻬르따도르
자수정	el amatista 엘 아마띠스따
자연	la naturaleza 라 나뚜랄레사
자연히	naturalmente 나뚜랄멘떼
자전거	la bicicleta 라 비씨끌레따
작다	ser pequeño 세르 뻬께뇨
잔	el vaso, la taza, la copa 엘 바소 라 따사 라 꼬빠
물 한 잔	un vaso de agua 움 바소 데 아과
잘 시간이다	Es hora de dormir. 에스 오라 데 도르미르
자동차 안에서	en el coche 엥 엘 꼬체
자동 판매기	la tragaperras 라 뜨라가뻬라스
커피 한 잔	una taza de café 우나 따사 데 까페

잔교	el muelle 엘 무에예	장갑	los guantes 로스 구안떼스
잔돈	el suelto 엘 수엘또	장거리	la larga distancia 라 라르가 디스딴씨아
잘	bien 비엔	장관(長官)	el ministro 엘 미니스뜨로
잘못	la falta 라 팔따	장미(薔薇)	el rosal 엘 르로살
잠깐	el momento 엘 모멘또	장미꽃	la rosa 라 르로사
잡지	la revista 라 뢔비스따	장식	la decoración 라 데꼬라씨온
장	la feria 라 페리아	장식물	el ornamento 엘 오르나멘또

포도주 한 잔   una copa de vino
우나 꼬빠 데 비노

맥주 한 잔   una caña de cerveza
우나 까냐 데 세르베사

잘 먹었습니다   Estoy satisfecho.
에스또이 사띠스페초

잠깐만 기다려 주십시오

Espere un momento, por favor.
에스뻬레 움 모멘또 뽀르 파보르

한국어	스페인어	한국어	스페인어
장식하다	decorar 데꼬라르	저리	allá 아야
재고품	el surtido 엘 수르띠도	저민 고기	la carne picada 라 까르네 삐까다
잼	la mermelada 라 메르멜라다	저주	la maldición 라 말디씨온
저것	aquello 아께요	저주하다	maldecir 말데씨르
저금	el ahorro 엘 아오르로	적게	poco 뽀꼬
저금하다	ahorrar 아오르라르	적다(글을)	apuntar 아뿐따르
저기	allí 아이	적다(양이)	ser poco 세르 뽀꼬
저녁	la noche 라 노체	적은	poco 뽀꼬
저녁밥	la cena 라 쎄나	적포도주	el vino tinto 엘 비노 띤또
저녁밥을 먹다	cenar 쎄나르	전기	la electricidad 라 엘렉뜨리씨닫

저것은 얼마입니까 ¿Cuánto vale aquello?
꾸안또 발레 아께요

저것은 무엇입니까 ¿Qué es aquello?
께 에스 아께요

전문	la especialidad 라 에스뻬씨알리닫	점심을 먹다	almorzar 알모르사르
전신	todo el cuerpo 또도 엘 꾸에르뽀	접근하다	acercarse 아쎄르까르세
전언	el recado 엘 ㄹ왜까도	접시	el plato 엘 쁠라또
전화	el teléfono 엘 뗄레포노	접의자	la silla plegable 라 씨야 쁠레가블레
전화 교환원	la telefonista 라 뗄레포니스따	접종	la vacuna 라 바꾸나
전화하다	llamar 야마르	접종하다	vacunar 바꾸나르
점심	el almuerzo 엘 알무에르소	접질리다	torcerse 또르쎄르세

너한테 전화다   Hay una llamada para ti.
아이 우나 야마다 빠라 띠

전화카드   la tarjeta de teléfono
라 따르헤따 데 뗄레포노

점심 시간   la hora de almorzar
라 오라 데 알모르사르

점원   el dependiente (남자)
엘 데뻰디엔떼

la dependiente (여자)
라 데뻰디엔떼

접촉	el contacto 엘 꼰딱또	정찬	la comida 라 꼬미다
젓가락	los palillos 로스 빨리요스	제과점	la pastelería 라 빠스뗄레리아
정각	en punto 엠 뿐또	젤리	la jalea 라 할레아
정거장	la estación 라 에스따씨온	조끼	el chaleco 엘 찰레꼬
정류소	la parada 라 빠라다	조용하다	ser tranquilo 세르 뜨랑낄로
정식(定食)	el cubierto 엘 꾸비에르또	조이다	apretar 아쁘레따르
정육점	la carnicería 라 까르니쎄리아	조종사	el piloto 엘 삘로또
정제(錠劑)	la tableta 라 따블레따	종사하다	ocuparse 오꾸빠르세

접촉하다   ponerse en contacto
뽀네르세 엔 꼰딱또

정각 12시다   Son las doce en punto.
손 라스 도쎄 엠 뿐또

버스 정류소   la parada de autobuses
라 빠라다 데 아우또부세스

택시 정류소   la parada de taxis
라 빠라다 데 딱시스

종이	el papel 엘 빠뻴	좌석	el asiento 엘 아씨엔또
종점	la parada terminal 라 빠라다 떼르미날	죄송합니다	Perdone. 뻬르도네
좋다	ser bueno 세르 부에노	주(週)	la semana 라 세마나
좋아하다	gustar 구스따르	주다	dar 다르

종업원   el camarero (남자)
엘 까마레로

la camarera (여자)
라 까마레라

나는 커피를 좋아한다   Me gusta el café.
메 구스따 엘 까페

나는 커피를 좋아하지 않는다   No me gusta el café.
노 메 구스따 엘 까페

너 영화 좋아하니?   ¿Te gusta la película?
떼 구스따 라 뻴리꿀라

그래, 무척 좋아한다   Sí, me gusta mucho.
씨, 메 구스따 무초

아니, 나는 좋아하지 않아   No, no me gusta.
노 노 메 구스따

좌석 번호   el número de asiento
엘 누메로 데 아씨엔또

한국어	스페인어	한국어	스페인어
나에게 주라	Dame. 다메	주점	la taberna 라 따베르나
주먹	el puño 엘 뿌뇨	죽	las gachas 라스 가차스
주문	el pedido 엘 뻬디도	죽다	morir 모리르
주문하다	pedir 뻬디르	죽음	la muerte 라 무에르떼
주방	la cocina 라 꼬씨나	줍다	recoger 뢰꼬헤르
주사	la inyección 라 인옉씨온	중국	la China 라 치나
주스	el jugo 엘 후고	중국어	el chino 엘 치노
주유소	la gasolinera 라 가솔리네라	중국인	el chino (남자) 엘 치노

주간 잡지   la revista semanal 라 레비스따 세마날

나에게 돈을 주라   Dame dinero 다메 디네로

주사를 놓다   poner una inyección 뽀네르 우나 인옉씨온

중간 크기   el tamaño mediano 엘 따마뇨 메디아노

중국인	la china (여자) 라 치나	지나가다	pasar 빠사르
중량	el peso 엘 뻬소	지난	pasado 빠사도
중앙	el centro 엘 쎈뜨로	지난 달	el mes pasado 엘 메스 빠사도
중앙 우체국	la central 라 쎈뜨랄	지난 주	la semana pasada 라 세마나 빠사다
중화 요리	el plato chino 엘 쁠라또 치노	지난 해	el año pasado 엘 아뇨 빠사도
즉시	en seguida 엔 세기다	지방(地方)	la comarca 라 꼬마르까
증명서	el carné 엘 까르네	지방(脂肪)	la grasa 라 그라사
지갑	la cartera 라 까르떼라	지불	el pago 엘 빠고
지금	ahora 아오라	지불하다	pagar 빠가르

중학교　　　　　　　　　la escuela secundaria
　　　　　　　　　　　　라 에스꾸엘라 세꾼다리아

지금 몇 시입니까　　　　¿Qué hora es ahora?
　　　　　　　　　　　　께 오라 에스 아오라

지급 우편　　　　　　　el correo urgente
　　　　　　　　　　　　엘 꼬레오 우르헨떼

지지다	revolver 쾌볼베르
지폐	el billete 엘 비예떼
지하	el subterráneo 엘 숩떼라네오
지하실	el sótano 엘 소따노
지하철	el metro 엘 메뜨로
	el subte(아르헨티나) 엘 숩떼
지하철도	el metro 엘 메뜨로
	el subte (아르헨티나) 엘 숩떼
직업	la profesión 라 쁘로페씨온
직원	el empleado (남자) 엘 엠쁘레아도
	la empleada (여자) 라 엠쁠레아다
직장	el trabajo 엘 뜨라바호
직접	directamente 디렉따멘떼
진실	la verdad 라 베르닫

내가 지불하겠소   Voy a pagar. 보이 아 빠가르

지속 가능한 관광   el turismo sostenible 엘 뚜리스모 소스떼니블레

지진 달걀   el huevo revuelto 엘 우에보 쾌부엘또

지하철역   la estación de metro 라 에스따씨온 데 메뜨로

나에게 진실을 말해라   Dime la verdad. 디메 라 베르닫

진심으로	cordialmente 꼬르디알멘떼
진열창	el escaparate 엘 에스까빠라떼
진정시키다	calmar 깔마르
진정하다	calmarse 깔마르세
진주	la perla 라 뻬를라
진통제	el calmante 엘 깔만떼
짐	el equipaje 엘 에끼빠헤
짐꾼	el mozo 엘 모소
짐수레	el carro 엘 까르로
집	la casa 라 까사
짜다(맛이)	Es salado. 에스 살라도
짜다(옷을)	tejer 떼헤르

진주 반지
la sortija de perla
라 소르띠하 데 뻬를라

짐을 올려 주시겠어요?
¿Quiere subir el equipaje?
끼에레 수비르 엘 에끼빠헤

짐을 내려 주시겠어요? ¿Quiere bajar el equipaje?
끼에레 바하르 엘 에끼빠헤

집에 갑시다
Vamos a casa.
바모스 아 까사

나는 집에 간다
Voy a casa.
보이 아 까사

짝	la pareja 라 빠레하	쪽³((식물))	el añil 엘 아닐
찌르다	picar 삐까르	쪽문	el portillo 엘 뽀르띠요
쪼들리다	pasar por apuros 빠사르 뽀르 아뿌로스	쪽배	la canoa 라 까노아
쪽¹(페이지)	la página 라 빠히나	쫓다	espantar 에스빤따르
쪽²(녘)	la dirección 라 디렉씨온		

너무 짜다   Es demasiado salado.
에스 데마씨아도 살라도

그들은 멋진 짝이다   Ellos son una buena pareja.
에요스 손 우나 부에나 빠레하

차(茶)	el té 엘 떼	차량(車輛)	el vagón 엘 바곤
차를 마시다	tomar el té 또마르 엘 떼	차액(差額)	la diferencia 라 디페렌씨아
차 세트	el juego de té 엘 후에고 데	차장(車掌)	el cobrador 엘 꼬브라도르
차(車)	el coche 엘 꼬체	차창	la ventanilla 라 벤따니야
차를 타고	en coche 엥 꼬체	착륙	el aterrizaje 엘 아떼리사헤
차안에서	en el coche 엥 엘 꼬체	착륙하다	aterrizar 아떼리사르
차(差)	la diferencia 라 디페렌씨아	찬장	el aparador 엘 아빠라도르
차관(次官)	el viceministro 엘 비쎄미니스뜨로	참외	el melón 엘 멜론
차다	estar frío 에스따르 프리오	찻간	el compartimiento 엘 꼼빠르띠미엔또

커피가 차다
El café está frío.
엘 까페 에스따 프리오

물이 차다.
El agua está fría.
엘 아구아 에스따 프리아

차액을 지불하다
pagar la diferencia
빠가르 라 디페렌씨아

찻잔	la taza 라 따사	채소 가게	la verdulería 라 베르둘레리아
창(窓)	la ventana 라 벤따나	책	el libro 엘 리브로
창(槍)	la lanza 라 란사	책방	la librería 라 리브레리아
창구	la ventanilla 라 벤따니야	책상	el escritorio 엘 에스끄리또리오
창문	la ventana 라 벤따나	책장	la estantería 라 에스딴떼리아
찾다	buscar 부스까르	처럼	como 꼬모
채소	las verduras 라스 베르두라스	처방전	la receta 라 rrㅞ쎄따

창문 좀 닫아 주시겠어요?
¿Quiere cerrar la ventana?
끼에레 세라르 라 벤따나

창문 좀 열어 주시겠습니까?
¿Quiere abrir la ventana?
끼에레 아브리르 라 벤따나

누구를 찾고 계십니까?
¿A quién busca usted?
아 끼엔 부스까 우스뗃

내 친구를 찾고 있습니다.
Busco a mi amigo.
부스꼬 아 미 아미고

처음	el principio 엘 쁘린씨삐오	6천	seis mil 세이스 밀
천(옷의)	la tela 라 뗄라	7천	siete mil 씨에떼 밀
천(千)	mil 밀	8천	ocho mil 오초 밀
2천	dos mil 도스 밀	9천	nueve mil 누에베 밀
3천	tres mil 뜨레스 밀	천만에요	De nada. 데 나다.
4천	cuatro mil 꾸아뜨로 밀		No hay de qué. 노 아이 데 께
5천	cinco mil 씽꼬 밀	천연두	la viruela 라 비루엘라

처음 뵙겠습니다	Mucho gusto. (남녀 공통) 무초 구스또
	Encantado. (남자) 엥깐따도
	Encantada. (여자) 엥깐따다
저야말로 (대답)	El gusto es mío. 엘 구스또 에스 미오
천연자원	los recursos naturales 로스 래꾸르소스 나뚜랄레스

천연(天然)의	natural 나뚜랄	초대하다	invitar 임비따르
첫째	primero 쁘리메로	초점	el foco 엘 포꼬
청각	el oído 엘 오이도	초콜릿	el chocolate 엘 초꼴라떼
초과	el exceso 엘 엑쎄소	추위	el frío 엘 프리오
초과 요금	el recargo 엘 뤠까르고	축구	el fútbol 엘 풋볼
초과하다	exceder 엑쎄데르	축구 선수	el futbolista 엘 풋볼리스따
초대	la invitación 라 임비따씨온	축하	la felicitación 라 펠리씨따씨온
초대장	la invitación 라 임비따씨온	축하하다	felicitar 펠리씨따르

초대 손님　　　el invitado (남자)
　　　　　　　　엘 임비따도

　　　　　　　　la invitada (여자)
　　　　　　　　라 임비따다

초음속기　　　el avión supersónico
　　　　　　　엘 아비온 수뻬르소니꼬

축하합니다　　¡Felicitaciones!
　　　　　　　펠리씨따씨오네스

출구	la salida 라 살리다	출판하다	publicar 뿌블리까르
출납계	la caja 라 까하	춥다(날씨가)	Hace frío 아쎄 프리오
출납계원	el cajero (남자) 엘 까헤로	충분하다	bastar 바스따르
	la cajera (여자) 라 까헤라	충분히	bastante 바스딴떼
출발	la salida 라 살리다	층(層)	el piso 엘 삐소
출발하다	salir 살리르	1층	el piso bajo 엘 삐소 바호
출판	la publicación 라 뿌블리까씨온	2층	el primer piso 엘 쁘리메르 삐소
출판물	las publicaciones 라스 뿌블리까씨오네스	3층	el segundo piso 엘 세군도 삐소
출판사	la editorial 라 에디또리알	4층	el tercer piso 엘 떼르쎄르 삐소

결혼을 축하합니다 Le felicito por su casamiento.
레 펠리씨또 뽀르 수 까사미엔또

출입국 관리소 la inmigración
라 임미그라씨온

춥다 (사람 몸이) tener frío
떼네르 프리오

5층	el cuarto piso 엘 꾸아르또 삐소
치과	la clínica dental 라 끌리니까 덴딸
치료	la cura 라 꾸라
치료하다	curar 꾸라르
치약(齒藥)	el dentífrico 엘 덴띠프리꼬
치즈	el queso 에 께소
치킨	el pollo 엘 뽀요
친구	el amigo (남자) 엘 아미고
친구	la amiga (여자) 라 아미가
친하다	ser íntimo 세르 인띠모
친절	la amabilidad 라 아마빌리닫
친절하다	ser amable 세르 아마블레
칠(七)	siete 씨에떼
칠레	Chile 칠레
칠레의	chileno 칠레노
칠만	setenta mil 세뗀따 밀

치과 의사   el dentista (남자)
엘 덴띠스따

la dentista (여자)
라 덴띠스따

치안(治安)   la seguridad pública
라 세구리닫 뿌블리까

친절에 감사드립니다   Gracias por su amabilidad.
그라씨아스 뽀르 수 아마빌리닫

칠백	setecientos 세떼씨엔또스
칠십	setenta 세뗀따
칠일(七日)	el 7 (siete) 엘 씨에떼
칠월	julio 훌리오
칠천	siete mil 씨에떼 밀
침	la saliva 라 살리바
침(針)	la aguja 라 아구하
칠레 사람	el chileno (남자) 엘 칠레노
	la chilena (여자) 라 칠레나
칠레산 포도주	el vino chileno 엘 비노 칠레노
침술사	el acupunturista (남) 엘 아꾸뿐뚜리스따
	la acupunturista (여) 라 아꾸뿐뚜리스따
침(鍼)	la acupuntura 라 아꾸뿐뚜라
침대	la cama 라 까마
침대차	el coche-cama 엘 꼬체 까마
침대 커버	la cubrecama 라 꾸브레까마
칩(컴퓨터)	el chip 엘 칩
칫솔	el cepillo dental 엘 쎄삐요 덴딸
칭찬하다	alabar 알라바르

카드	la tarjeta / 라 따르헤따
카메라	la cámara / 라 까마라
카운터	el mostrador / 엘 모스뜨라도르
카페	el café / 엘 까페
카페테리아	la cafetería / 라 까페떼리아
카펫	la alfombra / 라 알폼브라
칼	el cuchillo / 엘 꾸치요
칼로리	la caloría / 라 깔로리아
캐나다	el Canadá / 엘 까나다
캐나다의	canadiense / 까나디엔세
캐다(묻힌 것을)	cavar / 까바르
캐러멜	el caramelo / 엘 까라멜로
캐럿	el quilate / 엘 낄라떼
캐비닛	la vitrina / 라 비뜨리나

카메라점   la tienda de cámaras / 라 띠엔다 데 까마라스

칸(기차의)   el departamento / 엘 데빠르따멘또

캐나다 사람   el canadiense (남자) / 엘 까나디엔세

la canadiense (여자) / 라 까나디엔세

다이아몬드 1 캐럿   un quilate del diamante / 운 낄라떼 델 디아만떼

캐비아	el caviar 엘 까비아르	컬러	el color 엘 꼴로르
캐비지	la col 라 꼴	케이크	el pastel 엘 빠스뗄
캔디	los bombones 로스 봄보네스	코((신체))	la nariz 라 나리스
커스터드	la natilla 라 나띠야	코감기	el catarro nasal 엘 까따로 나살
커튼	la cortina 라 꼬르띠나	콜레라	la cólera 라 꼴레라
커틀릿	la chuleta 라 출레따	콜롬비아	Colombia 꼴롬비아
커피	el café 엘 까페	콜롬비아의	colombiano 꼴롬비아노
커피포트	la cafetera 라 까페떼라	콧물	el moco 엘 모꼬

커피 한 잔 부탁합니다 Un café, por favor. 운 까페 뽀르 파보르

컬러 필름 la película en color 라 뻴리꿀라 엔 꼴로르

컴퓨터 el ordenador (스페인) 엘 오르데나도르

la computadora (중남미) 라 꼼뿌따도라

콩	la soja (스페인) 라 소하
	la soya (중남미) 라 소야
쿠바	Cuba 꾸바
크기	el tamaño 엘 따마뇨
크다	ser grande 세르 그란데
크림¹(식용)	la nata 라 나따
크림²(화장용)	la crema 라 끄레마
키	la estatura 라 에스따뚜라
키가 크다	Es alto. 에스 알또
키가 작다	Es bajo. 에스 바호
키(열쇠)	la llave 라 야베
콜롬비아 사람	el colombiano (남자) 엘 꼴롬비아노
	la colombiana (여자) 라 꼴롬비아나
콧구멍	la ventana de nariz 라 벤따나 데 나리스
콩나물	los retoños de soja 로스 뤠또뇨스 데 소하
꾸바 사람	el cubano (남자) 엘 꾸바노
	la cubana (여자) 라 꾸바나

킬로그램	el kilogramo, el kilo 엘 낄로그라모 엘 낄로
킬로그램에 얼마입니까	¿Cuánto vale el kilo? 꾸안또 발레 엘 낄로

타(打)	la docena 라 도쎄나
반 타	media docena 메디아 도쎄나
타다(탈것을)	tomar 또마르
택시를 타다	tomar el taxi 또마르 엘 딱시
타월	la toalla 라 또아야
타월걸이	el toallero 엘 또아예로
탁상시계	el reloj de mesa 엘 룈로흐 데 메사
탁자	la mesa 라 메사
탄생	el nacimiento 엘 나씨미엔또
탄생하다	nacer 나쎄르
탑승	el embarque 엘 엠바르께
태어나다	nacer 나쎄르

기차를 타다	tomar el tren. 또마르 엘 뜨렌
버스를 타다	tomar el autobús 또마르 엘 아우또부스
비행기를 타다	tomar el avión 또마르 엘 아비온
지하철을 타다	tomar el metro 또마르 엘 메뜨로
탄생일	día de nacimiento 디아 데 나씨미엔또
탄생지	el lugar de nacimiento 엘 루가르 데 나씨미엔또

택시	el taxi 엘 딱씨	터미널	la terminal 라 떼르미날
택하다	preferir 쁘레페리르	털털거리다	rechinar 뢔치나르
탱크[1]	el depósito 엘 데뽀씨또	테이블	la mesa 라 메사
탱크[2]((군사))	el tanque 엘 땅께	텔레비전	la televisión 라 뗄레비시온

탑승권   la tarjeta de embarque
라 따르헤따 데 엘바르께

택시를 부릅시다   Vamos a llamar a un taxi.
바모스 아 야마르 아 운 딱시

택시를 탑시다   Vamos a tomar un taxi.
바모스 아 또마르 운 딱시

물탱크   el depósito de agua
엘 데뽀씨또 데 아구아

버스터미널   la terminal de autobuses
라 떼르미날 데 아우또부세스

버스터미널은 어디로 갑니까?
    ¿Por dónde se va a la terminal de autobuses?
뽀르 돈데 세 바 알 라 떼르미날 데 아우또부세스

곧장 가십시오   Siga derecho.
씨가 데레초

토마토	el tomate 엘 또마떼
토산품	el recuerdo 엘 뤠꾸에르도
토요일	el sábado 엘 사바도
매주 토요일	los sábados 로스 사바도스
토하다	vomitar 보미따르
통 el	tarro 엘 따로
통과	el tránsito 엘 뜨란씨또
통과하다	pasar 빠사르
통로	el pasillo 엘 빠씨요
통행료	el peaje 엘 뻬아헤
트럭	el camión 엘 까미온
소형 트럭	la camioneta 라 까미오네따
텔레비전 세트	el televisor 엘 뗄레비소르
잼 두 통	dos tarros de mermelada 도스 따로스 데 메르멜라다
통과객	el pasajero de tránsito 엘 빠사헤로 데 뜨란씨또
통과 비자	el visado de tránsito 엘 비사도 데 뜨란씨또
퇴원하다	salir del hospital 살리르 델 오스삐딸
트윈	la habitación con dos camas 라 아비따씨온 꼰 도스 까마스

특별하다	ser especial 세르 에스뻬씨알
특별히	especialmente 에스뻬씨알멘떼
특제품	la especialidad 라 에스뻬씨알리닫
특히	especialmente 에스뻬씨알멘떼
티눈	el callo 엘 까요
팁	la propina 라 쁘로삐나
팁으로	de propina 데 쁘로삐나

파	el puerro 엘 뿌에르로
파마	la permanente 라 뻬르마넨떼
파운드	la libra 라 리브라
파이 ((과자))	el pastel 엘 빠스뗄
((요리))	la empanada 라 엠빠나다
파이프	la pipa 라 삐빠
파인애플	la piña 라 삐냐
판(版)	la edición 라 에디씨온
판매	la venta 라 벤따
팔	el brazo 엘 브라소
팔(八)	ocho 오초
팔다	vender 벤데르
팔리다	venderse 벤데르세
팔만	ochenta mil 오첸따 밀
팔백	ochocientos 오초씨엔또스
팔십	ochenta 오첸따
팔월	agosto 아고스또
팔찌	la brazalete 라 브라살레떼
팔천	ocho mil 오초 밀
팥	la judia pinta 라 후디아 삔따
파마하다	hacerse una permanente 아세르세 우나 뻬르마넨떼
팔이 아프다	Me duelen los brazos. 메 두엘렌 로스 브라소스

팬츠	los calzoncillos 로스 깔손씨요스	편도(片道)	la ida 라 이다
펑크	el pinchazo 엘 삔차소	편지	la carta 라 까르따
페루	el Perú 엘 뻬루	포(砲)	el cañón 엘 까뇬
페소	el peso 엘 뻬소	포도	la uva 라 우바

펑크가 나다   tener un pinchazo
떼네르 운 삔차소

페루 사람   el peruano (남자)
엘 뻬루아노

la peruana (여자)
라 뻬루아나

편도표(片道票)   el billete de ida (스페인)
엘 비예떼 데 이다

el boleto de ida (중남미)
엘 볼레또 데 이다

편지를 보내다   enviar una carta
엠비아르 우나 까르따

편지를 받다   recibir una carta
르레씨비르 우나 까르따

편지를 쓰다   escribir una carta
에스끄리비르 우나 까르따

포도나무	la vid 라 빋	포터	el mozo 엘 모쏘
포도주	el vino 엘 비노	표	el billete 엘 비예떼
백포도주	el vino blanco 엘 비노 블랑꼬		el boleto (중남미) 엘 볼레또
적포도주	el vino tinto 엘 비노 띤또	표를 사다	sacar el billete 사까르 엘 비예떼
포옹	abrazo 아브라소	표 파는 곳	la taquilla 라 따끼야
포옹하다	abrazar 아브라사르	푸르다	ser azul 세르 아쑬
포장	el empaquete 엘 엠빠께떼	푸른색	el color azul 엘 꼴로르 아쑬
포장하다	empaquetar 엠빠께따르	푸른 하늘	el cielo azul 엘 씨엘로 아쑬
포크	el tenedor 엘 떼네도르	풋	verde 베르데

포도주 한 잔   una copa de vino 우나 꼬빠 데 비노

표 파는 사람   el taquillero (남자) 엘 따끼예로

　　　　　　　la taquillera (여자) 라 따끼예라

풋 강낭콩	la judía verde 라 후디아 베르데
풋과일	la fruta verde 라 프루따 베르데
풋콩	la soja verde 라 소하 베르데
	la soya verde (중남미) 라 소야 베르데
풍부	abundancia 아분단씨아
풍부하다	ser abundante 세르 아분단떼
프랑스	Francia 프란씨아
프랑스 어	el francés 엘 프란쎄스
프런트	la recepción 라 르레쎕씨온
프로그램	el programa 엘 쁘로그라마
풀코스(식사)	la comida completa 라 꼬미다 꼼쁠레따
프랑스 사람	el francés (남자) 엘 프란쎄스
	la francesa (여자) 라 프란쎄사
프런트 직원	el recepcionista (남자) 엘 르레쎕씨오니스따
	la recepcionista (여자) 라 르레쎕씨오니스따
프로그래머	el programador (남자) 엘 쁘로그라마도르
	la programadora (여자) 라 쁘로그라마도라

프린터	la impresora 라 임쁘레소라	필요	la necesidad 라 네쎄씨닫
피아노	el piano 엘 삐아노	필요하다	ser necesario 세르 네쎄사리오
필름	la película 라 뻴리꿀라		

프로그래밍　　　　　　　　la programación
　　　　　　　　　　　　　라 쁘로그라마씨온

플로피 디스크　　　　　　el disco flexible
　　　　　　　　　　　　　엘 디스꼬 플렉씨블레

피아니스트　　　　　　　　el pianista (남자)
　　　　　　　　　　　　　엘 삐아니스따

　　　　　　　　　　　　　la pianista (여자)
　　　　　　　　　　　　　라 삐아니스따

하나	uno 우노
하녀	la criada 라 끄리아다
하늘	el cielo 엘 씨엘로
하다	hacer 아쎄르
그 일을 해라	Hazlo. 아슬로
하루	un día 운 디아
하루에	al día 알 디아
하인	el criado 엘 끄리아도

하늘이 푸르다   El cielo es azul.
엘 씨엘로 에스 아쑬

그 일을 하지 마라   No lo hagas.
놀 로 아가스

하루에 세 번 한 알이나 두 알을 드십시오
Tome una o dos tabletas tres veces al día.
또메 우나 오 도스 따블레따스 뜨레스 베쎄스 알 디아

나는 학교에 간다   Yo voy a la escuela.
요 보이 알 라 에스꾸엘라

학생   el alumno (초등 학생)
엘 알룸노

el estudiante
엘 에스뚜디안떼

나는 한가하다   Yo estoy libre.
요 에스또이 리브레

학교	la escuela 라 에스꾸엘라	한국어	el coreano 엘 꼬레아노
한가하다	estar libre 에스따르 리브레	할 수 있다	poder 뽀데르
한국	Corea 꼬레아	할인	el descuento 엘 데스꾸엔또

한국은 아름다운 나라이다

Corea es un país hermoso.
꼬레아 에스 운 빠이스 에르모소

한국 사람   el coreano (남자)
              엘 꼬레아노

              la coreana (여자)
              라 꼬레아나

한국 식당   el restaurante coreano
              엘 뢰스따우란떼 꼬레아노

한국어 하십니까   ¿Habla usted coreano?
                 아블라 우스떼 꼬레아노

예, 조금 합니다

              Sí, hablo un poco.
              씨 아블로 움 뽀꼬

아닙니다, 못합니다   No, no hablo.
                   노 노 아블로

나는 할 수 있다   Yo puedo.
                    요 뿌에도

할인하다	descontar 데스꼰따르
항(港)	el puerto 엘 뿌에르또
항공	la aviación 라 아비아씨온
항공권	el billete de vuelo 엘 비예떼 데 부엘로
항공기	el avión 엘 아비온
항공로	la línea aérea 라 리네아 아에레아
항공 우편	el correo aéreo 엘 꼬뤠오 아에레오
항구	el puerto 엘 뿌에르또
항상	siempre 씨엠쁘레
항해	la navegación 라 나비가씨온
항해사	el oficial 엘 오피씨알
항해하다	navegar 나비가르
해¹(태양)	el sol 엘 솔
해²(일년)	el año 엘 아뇨
해야 한다	tener que 떼네르 께
핸드백	el bolso 엘 볼소
핸들	el volante 엘 볼란떼
햄	el jamón 엘 하몬

나는 할 수 없다 Yo no puedo.
요 노 뿌에도

항공 회사 las líneas aéreas
라스 리네아스 아에레아스

해군(海軍) la armada, la marina
라 아르마다 라 마리나

행복	la felicidad 라 펠리씨닫	허가장	el permiso 엘 뻬르미소
행복하다	ser feliz 세르 펠리스	허가하다	permitir 뻬르미띠르
행선지	el destino 엘 데스띠노	허기	el hambre 엘 암브레
행운	la suerte 라 수에르떼	헹구다	enjuagarse 엥후아가르세
행인	el transeúnte 엘 뜨란세운떼	혀	la lengua 라 렝구아
향료	la especia 라 에스뻬씨아	현금	el dinero efectivo 엘 디네로 에펙띠보
향하다	dirigirse 디리히르세	현기증	el vértigo 엘 베르띠고
허가	el permiso 엘 뻬르미소	현상하다	revelar 르레벨라르

행운이 있으시길! ¡Buena suerte! 부에나 수에르떼

입을 헹구세요 Enjuáguese la boca. 엥후아게세 라 보까

심한 허기 el hambre canina 엘 암브레 까니나

현상(사진의) la revelación 라 르레벨라씨온

한국어	스페인어	한국어	스페인어
형(兄)	el hermano 엘 에르마노	호텔	el hotel 엘 오뗄
형제	el hermano 엘 에르마노	혹은	o 오
형제자매	los hermanos 로스 에르마노스	화려하다	ser magnífico 세르 막니피꼬
형편	la situación 라 씨뚜아씨온	화물	el equipaje 엘 에끼빠헤
호두	el nuez 엘 누에스	화물자동차	el camión 엘 까미온
호랑이	el tigre 엘 띠그레	화산	el volcán 엘 볼깐
호박((식물))	la calabaza 라 깔라바사	화살	la flecha 라 플레차
호의	el favor 엘 파보르	화요일	el martes 엘 마르떼스
호출	la llamada 라 야마다	화요일마다	los martes 로스 마르떼스
호박(琥珀)((광물))			el ámbar 엘 암바르
호의를 베풀다			hacer el favor 아쎄르 엘 파보르
소형 화물자동차			la camioneta 라 까미오네따

화장	el maquillaje 엘 마끼야헤
화장대	el tocador 엘 또까도르
화장하다	maquillar 마끼야르
화학	la química 라 끼미까
확대	la ampliación 라 암쁠리아씨온
확대경	la lupa 라 루빠
확대하다	ampliar 암쁠리아르
확인	la comprobación 라 꼼쁘로바씨온
화차	
화학자	
환승역	la estación de transbordo 라 에스따씨온 데 뜨란스보르도
확인하다	comprobar 꼼쁘로바르
환경	el ambiente 엘 암비엔떼
환승	el transbordo 엘 뜨란스보르도
환승하다	transbordar 뜨란스보르다르
환어음	la letra de cambio 라 레뜨라 데 깜비오
환율	la tasa de cambio 라 따사 데 깜비오
환전	el cambio 엘 깜비오
환전상	el cambista (남자) 엘 깜비스따
화차	el vagón de mercancías 엘 바곤 데 메르깐씨아스
화학자	el químico (남자) 엘 끼미꼬 / la química (여자) 라 끼미까

172

	la cambista (여자) 라 깜비스따
환전소	la casa de cambio 라 까사 데 깜비오
환전하다	cambiar 깜비아르
활	el arco 엘 아르꼬
활동	la acción 라 악씨온
활주로	la pista 라 삐스따
회계	el cajero (남자) 엘 까헤로
	la cajera (여자) 라 까헤라
회사	la compañía 라 꼼빠니아
회사원	el empleado (남) 엘 엠쁠레아도
	la empleada (여) 라 엠쁠레아다
후추	el pimiento 엘 삐미엔또
후추 그릇	el pimentero 엘 삐멘떼로
훌륭하다	ser magnífico 세르 막니피꼬
훔치다	robar 르로바르
휴가	las vacaciones 라스 바까씨오네스
횡단보도	el paso de peatones 엘 빠소 데 뻬아또네스
훈제 연어	el salmón ahumado 엘 살몬 아우마도
휴대 전화	el (teléfono) móvil 엘 (뗄레포노) 모빌
	el (teléfono) celular (중남미) 엘 (뗄레포노) 쎌룰라르

휴가로	de vacaciones 데 바까씨오네스
휴대하다	llevar 예바르
휴지통	la papelera 라 빠뻴레라
흡연 금지	No fumar 노 푸마르
희다	Es blanco. 에스 블랑꼬
흰색	el (color) blanco 엘 (꼴로르) 블랑꼬
흰옷	la ropa blanca 라 로빠 블랑까
히터	el calentador 엘 깔렌따도르
힘	la fuerza 라 푸에르사
휴대품 예치소	la consigna 라 꼰씨그나
흑백 텔레비전	la televisión en blanco y negro 라 뗄레비씨온 엔 블랑꼬 이 네그로
흑백 필름	la película en blanco y negro 라 뻴리꿀라 엔 블랑꼬 이 네그로
흡연차	el coche para fumar 엘 꼬체 빠라 푸마르

부록1

- 숫자
- 날짜
- 시간
- 월명
- 요일
- 서수

숫자

0	cero 쎄로	10	diez 디에스
1	uno 우노	11	once 온쎄
2	dos 도스	12	doce 도쎄
3	tres 뜨레스	13	trece 뜨레쎄
4	cuatro 꾸아뜨로	14	catorce 까또르쎄
5	cinco 씽꼬	15	quince 낀쎄
6	seis 세이스	16	diez y seis 디에스 이 세이스
7	siete 씨에떼	17	diez y siete 디에스 이 씨에떼
8	ocho 오초	18	diez y ocho 디에스 이 오초
9	nueve 누에베	19	diez y nueve 디에스 이 누에베

20	veinte 베인떼	77	sesenta y siete 세센따 이 씨에떼
22	veinte y dos 베인떼 이 도스	80	ochenta 오첸따
30	treinta 뜨레인따	88	ochenta y ocho 오첸따 이 오초
33	treinta y tres 뜨레인따 이 뜨레스	90	noventa 노벤따
40	cuarenta 꾸아렌따	99	noventa y nueve 노벤따 이 누에베
44	cuarenta y cuatro 꾸아렌따 이 꾸아뜨로	100	ciento 씨엔또
50	cincuenta 씽꾸엔따	200	doscientos 도스씨엔또스
55	cincuenta y cinco 씽꾸엔따 이 씽꼬	300	trescientos 뜨레스씨엔또스
60	sesenta 세센따	400	cuatrocientos 꾸아뜨로씨엔또스
66	sesenta y seis 세센따 이 세이스	500	quinientos 끼니엔또스
70	setenta 세뗀따	600	seiscientos 세이스씨엔또스

700	setecientos 세떼씨엔또스	9.000	nueve mil 누에베 밀
800	ochocientos 오초씨엔또스	10.000	diez mil 디에스 밀
900	novecientos 노베씨엔또스	20.000	veinte mil 베인떼 밀
1.000	mil 밀	30.000	treinta mil 뜨레인따 밀
2.000	dos mil 도스 밀	40.000	cuarenta mil 꾸아렌따 밀
3.000	tres mil 뜨레스 밀	50.000	cincuenta mil 씽꾸엔따 밀
4.000	cuatro mil 꾸아뜨로 밀	60.000	sesenta mil 세센따 밀
5.000	cinco mil 씽꼬 밀	70.000	setenta mil 세뗀따 밀
6.000	seis mil 세이스 밀	80.000	ochenta mil 오첸따 밀
7.000	siete mil 씨에떼 밀	90.000	noventa mil 노벤따 밀
8.000	ocho mil 오초 밀	100.000	cien mil 씨엔 밀

200,000	doscientos mil 도스씨엔또스 밀	300,000	trescientos mil 뜨레스씨엔또스 밀

400,000	cuatrocientos mil 꾸아뜨로씨엔또스 밀
500,000	quinientos mil 끼니엔또스 밀
600,000	seiscientos mil 세이스씨엔또스 밀
700,000	setecientos mil 세떼씨엔또스 밀
800,000	ochocientos mil 오초씨엔또스 밀
900,000	novecientos mil 노베씨엔또스 밀
1,000,000	un millón 운 미욘
2,000,000	dos millones 도스 미요네스
3,000,000	tres millones 뜨레스 미요네스
4,000,000	cuatro millones 꾸아뜨로 미요네스

5.000.000	cinco millones 씽꼬 미요네스
6.000.000	seis millones 세이스 미요네스
7.000.000	siete millones 씨에떼 미요네스
8.000.000	ocho millones 오초 미요네스
9.000.000	nueve millones 누에베 미요네스
10.000.000	diez millones 디에스 미요네스
100.000.000	cien millones 씨엔 미요네스
1.000.000.000	mil millones 밀 미요네스

날 짜

1일	el 1 (primero) 엘 쁘리메로
2일	el 2 (dos) 엘 도스
3일	el 3 (tres) 엘 뜨레스
4일	el 4 (cuatro) 엘 꾸아뜨로
5일	el 5 (cinco) 엘 씽꼬
6일	el 6 (seis) 엘 세이스
7일	el 7 (siete) 엘 씨에떼
8일	el 8 (ocho) 엘 오초
9일	el 9 (nueve) 엘 누에베
10일	el 10 (diez) 엘 디에스
11일	el 11 (once) 엘 온쎄
12일	el 12 (doce) 엘 도쎄
13일	el 13 (trece) 엘 뜨레쎄
14일	el 14 (catorce) 엘 까또르쎄
15일	el 15 (quince) 엘 낀쎄
16일	el 16 (dieciséis) 엘 디에씨세이스
17일	el 17 (diecisiete) 엘 디에씨씨에떼
18일	el 18 (dieciocho) 엘 디에씨오초
19일	el 19 (diecinueve) 엘 디에씨누에베
20일	el 20 (veinte) 엘 베인떼

21일	el 21 (veintiuno) 엘 베인띠우노	27일	el 27 (veintisiete) 엘 베인띠씨에떼
22일	el 22 (veintidós) 엘 베인띠도스	28일	el 28 (veintiocho) 엘 베인띠오초
23일	el 23 (veintitrés) 엘 베인띠뜨레스	29일	el 29 (veintinueve) 엘 베인띠누에베
24일	el 24 (veinticuatro) 엘 베인띠꾸아뜨로	30일	el 30 (treinta) 엘 뜨레인따
25일	el 25 (veinticinco) 엘 베인띠씽꼬	31일	el 31 (treinta y uno) 엘 뜨레인따 이 우노
26일	el 26 (veintiséis) 엘 베인띠세이스		

오늘은 며칠입니까? ¿Qué día del mes es hoy?
께 디아 델 메스 에스 오이

오늘은 12월 1일입니다.
Hoy es el 1 (primero) de diciembre.
오이 에스 엘 쁘리메로 데 디씨엠브레

시 간

한 시	la una 라 우나	아홉 시	las nueve 라스 누에베
두 시	las dos 라스 도스	열 시	las diez 라스 디에스
세 시	las tres 라스 뜨레스	열한 시	las once 라스 온쎄
네 시	las cuatro 라스 꾸아뜨로	열두 시	las doce 라스 도쎄
다섯 시	las cinco 라스 씽꼬	1시입니다	Es la una. 에슬라 우나
여섯 시	las seis 라스 세이스	2시입니다	Son las dos. 손 라스 도스
일곱 시	las siete 라스 씨에떼	3시입니다	Son las tres. 손 라스 뜨레스
여덟 시	las ocho 라스 오초	5시입니다	Son las cinco. 손 라스 씽꼬

지금 몇 시입니까?	¿Qué hora es ahora? 께 오라 에스 아오라
4시입니다	Son las cuatro. 손 라스 꾸아뜨로

6시입니다	Son las seis. 손 라스 세이스	10시입니다	Son las diez. 손 라스 디에스
7시입니다	Son las siete. 손 라스 씨에떼	11시입니다	Son las once. 손 라스 온쎄
8시입니다	Son las ocho. 손 라스 오초	12시입니다	Son las doce. 손 라스 도쎄
9시입니다	Son las nueve. 손 라스 누에베		

7시 10분입니다	Son las siete y diez. 손 라스 씨에떼 이 디에스
9시 15분입니다	Son las nueve y cuarto. 손 라스 누에베 이 꾸아르또
12시 반입니다	Son las doce y media. 손 라스 도쎄 이 메디아
8시 10분 전입니다	Son las ocho menos diez. 손 라스 오초 메노스 디에스
오전 10시입니다	Son las diez de la mañana. 손 라스 디에스 델라 마냐나
오후 3시입니다	Son las tres de la tarde. 손 라스 뜨레스 델라 따르데
밤 11시입니다	Son las once de la noche. 손 라스 온쎄 델라 노체

월 명

1월	enero 에네로	7월	julio 훌리오
2월	febrero 페브레로	8월	agosto 아고스또
3월	marzo 마르쏘	9월	septiembre 쎕띠엠브레
4월	abril 아브릴	10월	octubre 옥뚜브레
5월	mayo 마요	11월	noviembre 노비엠브레
6월	junio 후니오	12월	diciembre 디씨엠브레

지금은 12월입니다 　　Estamos en diciembre.
　　　　　　　　　　에스따모스 엔 디씨엠브레

요일

월요일	el lunes 엘 루네스	금요일	el viernes 엘 비에르네스
화요일	el martes 엘 마르떼스	토요일	el sábado 엘 사바도
수요일	el miércoles 엘 미에르꼴레스	일요일	el domingo 엘 도밍고
목요일	el jueves 엘 후에베스		

오늘은 무슨 요일입니까?
¿Qué día de la semana es hoy?
께 디아 델라 세마나 에스 오이

오늘은 수요일입니다.
Hoy es miércoles.
오이 에스 미에르꼴레스

서 수

첫째	primero 쁘리메로	일곱째	séptimo 셉띠모
둘째	segundo 세군도	여덟째	octavo 옥따보
셋째	tercero 떼르세로	아홉째	noveno 노베노
넷째	cuarto 꾸아르또	열째	décimo 데씨모
다섯째	quinto 낀또	열한 번째	undécimo 운데씨모
여섯째	sexto 세스또	열두 번째	duodécimo 두오데씨모

스페인어 사용국과 화폐

스페인(España)   euro
에스빠냐   에우로

멕시코(México)   peso
메히꼬   뻬소

과테말라(Guatemala)   quetzal
구아떼말라   껫살

온두라스(Honduras)   lempira
온두라스   렘삐라

엘살바도르(El Salvador)   colón
엘 살바도르   꼴론

니카라과(Nicaragua)   córdoba
니까라구아   꼬르도바

코스타리카(Costa Rica)   colón
꼬스따 뤼까   꼴론

파나마(Panamá)   balboa
빠나마   발보아

쿠바(Cuba)   peso
꾸바   뻬소

도미니카 공화국(República Dominicana)   peso
레뿌블리까 도미니까나   뻬소

콜롬비아(Colombia) 꼴롬비아	peso 뻬소
베네수엘라(Venezuela) 베네수엘라	bolívar 볼리바르
에콰도르(Ecuador) 에꾸아도르	dólar 돌라르
페루(Perú) 뻬루	sol 솔
볼리비아(Bolivia) 볼리비아	boliviano 볼리비아노
칠레(Chile) 칠레	peso 뻬소
파라과이(Paraguay) 빠라구아이	guaraní 구아라니
아르헨티나(Argentina) 아르헨띠나	peso 뻬소
우루과이(Uruguay) 우루구아이	nuevo peso 누에보 뻬소
푸에르토리코(Puerto Rico) 뿌에르또 뤼꼬	dólar 돌라르

스페인 및 스페인어 사용국의 나라 사람

스페인(España)
에스빠냐

español, española
에스빠뇰 에스빠뇰라

멕시코(México)
메히꼬

mexicano, mexicana
메히까노 메히까나

과테말라(Guatemala) guatemalteco, guatemalteca
  구아떼말떼꼬 구아떼말떼까

온두라스(Honduras)
hondureño, hondureña
온두레뇨 온두레냐

엘살바도르(El Salvador) salvadoreño, salvadoreña
살바도레뇨 살바도레냐

니카라과(Nicaragua)
nicaragüense
니카라구엔세

코스타리카(Costa Rica)
costarricense
꼬스따뤼쎈세

파나마(Panamá)
panameño, panameña
빠나메뇨 빠나메냐

쿠바(Cuba)
cubano, cubana
꾸바노 꾸바나

도미니카 공화국(República Dominicana)
dominicano, dominicana
도미니까노 도미니까나

부록

콜롬비아(Colombia)	colombiano, colombiana 꼴롬비아노　꼴롬비아나
베네수엘라(Venezuela)	venezolano, venezolana 베네솔라노　베네솔라나
에콰도르(Ecuador)	ecuatoriano, ecuatoriana 에꾸아또리아노　에꾸아또리아나
페루(Perú)	peruano, peruana 뻬루아노　뻬루아나
볼리비아(Bolivia)	boliviano, boliviana 볼리비아노　볼리비아나
칠레(Chile)	chileno, chilena 칠레노　칠레나
파라과이(Paraguay)	paraguayo, paraguaya 빠라구아요　빠라구아야
아르헨티나(Argentina)	argentino, argentina 아르헨띠노　아르헨띠나
우루과이(Uruguay)	uruguayo, uruguaya 우루구아요　우루구아야
푸에르토리코(Puerto Rico)	puertorriqueño, puertorriqueña 뿌에르또뤼께뇨　뿌에르또뤼께냐

스페인 및 스페인어 사용국의 수도

스페인	Madrid 마드릴	콜롬비아	Bogotá 보고따
멕시코	ciudad de México 씨우닫 데 메히꼬	베네수엘라	Caracas 까라까스
과테말라	Guatemala 구아떼말라	에콰도르	Quito 끼또
온두라스	Tegucigalpa 떼구씨갈빠	페루	Lima 리마
엘살바도르	San Salvador 산 살바도르	볼리비아	La Paz 라 빠스
니카라과	Managua 마나구아	칠레	Santiago 산띠아고
코스타리카	San José 산 호세	파라과이	Asunción 아순시온
파나마	Panamá 빠나마	아르헨티나	Buenos Aires 부에노스 아이레스
쿠바	La Habana 라 아바나	우루과이	Montevideo 몬떼비데오
도미니카 공화국	Santo Domingo 산또 도밍고	푸에르토리코	San Juan 산 후안

부록

스포츠 (el deporte 엘 데뽀르떼)

골프	el golf 엘 골프	배드민턴	el bádminton 엘 바드민똔
권투	el boxeo 엘 복세오	보트	el remo 에 뤠모
농구	el baloncesto 엘 발론쎄스또	볼링	los bolos 로스 볼로스
등산	el alpinismo 엘 알삐니스모	사격	el tiro 엘 띠로
럭비	el rugby 엘 르룩비	수영	la natación 라 나따씨온
레슬링	la lucha 라 루차	스케이트	el patinaje 엘 빠띠나헤
마술(馬術)	la equitación 라 에끼따씨온	스키	el esquí 엘 에스끼
배구	el voleibol 엘 볼레이볼	야구	el béisbol 엘 베이스볼

아이스하키 el hockey sobre hielo
엘 옥께이 소브레 이엘로

역도 el levantamiento de pesos
엘 레반따미엔또 데 뻬소스

요트	la vela 라 벨라	탁구	el ping-pong 엘 삥뽕
유도	el judo 엘 후도	태권도	el taekwondo 엘 따에꿘도
육상 경기	el atletismo 엘 아뜰레띠스모	테니스	el tenis 엘 떼니스
자전거 경기	el ciclismo 엘 씨끌리스모	펜싱	la esgrima 라 에스그리마
체조	la gimnasia 라 힘나씨아	하키	el hockey 엘 옥께이
축구	el fútbol 엘 풋볼		

부록 2

● 기본 회화

1회 2회 3회

1. 안녕하십니까 Buenos días.
부에노스 디아스

안녕하십니까. (오전 인사)	Buenos días. 부에노스 디아스
안녕하십니까. (오후 인사)	Buenas tardes. 부에나스 따르데스
안녕하십니까. (밤 인사)	Buenas noches. 부에나스 노체스
안녕하십니까, 선생님.	Buenos días, señor. 부에노스 디아스 세뇨르
안녕하십니까, 부인.	Buenas tardes, señora. 부에나스 따르데스 세뇨라
안녕하십니까, 아가씨.	Buenas noches, señorita. 부에나스 노체스 세뇨리따
친구야, 잘 있거라[가거라]!	¡Adiós, amigo! 아디오스 아미고

부록

2. 나중에 뵙겠습니다. Hasta luego.
아스따 루에고

나중에 뵙겠습니다.	Hasta luego. 아스따 루에고
또 뵙겠습니다.	Hasta la vista. 아스따 라 비스따
내일 뵙겠습니다.	Hasta mañana. 아스따 마냐나
곧 뵙겠습니다.	Hasta pronto. 아스따 쁘론또
목요일에 뵙겠습니다.	Hasta el jueves. 아스따 엘 후에베스
다음 주에 뵙겠습니다.	Hasta la próxima semana. 아스따 라 쁘록씨마 세마나

3. 감사합니다. Gracias.
그라씨아스

감사합니다.	Gracias. 그라씨아스
대단히 고맙습니다.	Muchas gracias. 무차스 그라씨아스
정말로 고맙습니다.	Muchísimas gracias. 무치씨마스 그라씨아스
대단히 감사합니다.	Muy agradecido. 무이 아그라데씨:도
대단히 고맙습니다.	Mil gracias. 밀 그라씨아스
정말로 고맙습니다.	Un millón de gracias. 운 미욘 데 그라씨아스
천만에요.	De nada. 데 나다 No hay de qué. 노 아이 데 께

4. 어떻게 지내십니까? ¿Cómo está usted?
꼬모 에스따 우스뗄

어떻게 지내십니까?	¿Cómo está usted? 꼬모 에스따 우스뗄
덕분에 잘 지냅니다. 그런데 당신은? 	Bien, gracias, ¿y usted? 비엔 그라씨아스 이 우스뗄
저도 덕분에 잘 지내고 있습니다. 	Bien también, gracias. 비엔 땀비엔 그라씨아스
어떻게 지내고 있니?	¿Qué tal (estás)? 께 딸 (에스따스)
덕분에 잘 있다. 그런데 너는?	Bien, gracias. ¿y tú? 비엔 그라씨아스 이 뚜
나야 늘 그렇지 뭐.	Como siempre. 꼬모 씨엠쁘레
그저 그렇습니다.	Así, así. 아씨 아씨

5. 얼마입니까? ¿Cuánto es?
꾸안또 에스

얼마입니까?	¿Cuánto es? 꾸안또 에스 ¿Cuánto vale? 꾸안또 발레 ¿Cuánto cuesta? 꾸안또 꾸에스따
100 유로입니다.	Cien euros. 씨엔 에우로스
50 달러입니다.	Cincuenta dólares. 씽꾸엔따 돌:라레스
20 페소입니다.	Veinte pesos. 베인떼 뻬소스

6. 이것은 무엇입니까? ¿Qué es esto?
께 에스 에스또

이것은 무엇입니까?	¿Qué es esto? 께 에스 에스또
나이프입니다.	Es un cuchillo. 에스 운 꾸치요
포크입니다.	Es un tenedor. 에스 운 떼네도르
숟가락입니다.	Es una cuchara. 에스 우나 꾸차라
접시입니다.	Es un plato. 에스 운 쁠라또
컴퓨터입니다.	Es un ordenador. 에스 운 오르데나도르
스페인어 사전입니다.	Es un diccionario español. 에스 운 딕씨오나리오 에스빠뇰

| 1회 | 2회 | 3회 |

7. 그것은 무엇입니까? ¿Qué es eso?
께 에스 에소

| 그것은 무엇입니까? | ¿Qué es eso?
께 에스 에소 |

| 비행기입니다. | Es un avión.
에스 운 아비온 |

| 기차입니다. | Es un tren.
에스 운 뜨렌 |

| 택시입니다. | Es un taxi.
에스 운 딱시 |

| 버스입니다. | Es un autobús.
에스 운 아우또부스 |

| 자동차입니다. | Es un coche.
에스 운 꼬체 |

| 지하철입니다. | Es un metro.
에스 운 메뜨로 |

부록

8. 저것은 무엇입니까? ¿Qué es aquello?
께 에스 아께요

저것은 무엇입니까?	¿Qué es aquello? 께 에스 아께요
사과입니다.	Es una manzana. 에스 우나 만사나
배입니다.	Es una pera. 에스 우나 뻬라
바나나입니다.	Es un plátano. 에스 운 쁠라따노
오렌지입니다.	Es una naranja. 에스 우나 나랑하
토마토입니다.	Es un tomate. 에스 우나 또마떼
딸기입니다.	Es una fresa. 에스 우나 프레사

9. 나는 한국 사람입니다. Yo soy coreano.
요 소이 꼬레아노

당신은 한국 사람입니까? ¿Es usted coreano?
에스 우스뗃 꼬레아노

예, 나는 한국 사람입니다. Sí, soy coreano.
씨 소이 꼬레아노

아닙니다, 나는 한국 사람이 아닙니다.
No, no soy coreano.
노 노 소이 꼬레아노

당신은 스페인 사람입니까? ¿Es usted español?
에스 우스뗃 에스빠뇰

예, 스페인 사람입니다. Sí, soy español.
씨 소이 에스빠뇰

아닙니다, 스페인 사람이 아닙니다.
No, no soy español.
노 노 소이 에스빠뇰

나는 한국 여자입니다. Yo soy coreana.
요 소이 꼬레아나

10. 당신은 어디서 왔습니까? ¿De dónde es usted?
데 돈데 에스 우스뗃

나는 한국에서 왔습니다.	Soy de Corea. 소이 데 꼬레아
나는 스페인에서 왔습니다.	Soy de España. 소이 데 에스빠냐
나는 페루에서 왔습니다.	Soy del Perú. 소이 델 뻬루
나는 멕시코에서 왔습니다.	Soy de México. 소이 데 메히꼬
나는 아르헨티나에서 왔습니다.	Soy de la Argentina. 소이 델 라 아르헨띠나
나는 칠레에서 왔습니다.	Soy de Chile. 소이 데 칠레
나는 콜롬비아에서 왔습니다.	Soy de Colombia. 소이 데 꼴롬비아

11. 처음 뵙겠습니다. Mucho gusto.
무초 구스또

처음 뵙겠습니다. (남녀 공통)	Mucho gusto.
	무초 구스또
	Encantado. (남자가)
	엥깐따도
	Encantada. (여자가)
	엥깐따다

저야말로 처음 뵙겠습니다.　　　El gusto es mío.
　　　　　　　　　　　　　　　　엘 구스또 에스 미오

김민수라고 합니다.　　　　　　Me llamo Kim Minsu.
　　　　　　　　　　　　　　　메 야모 　김　민수

반가웠습니다. (헤어질 때).　　　Mucho gusto.
　　　　　　　　　　　　　　　　무초 　구스또

12. 성함이 어떻게 되십니까? ¿Cómo se llama usted?
꼬모 세 야마 우스뗄

성함이 어떻게 되십니까? ¿Cómo se llama usted?
꼬모 세 야마 우스뗄

김민정입니다. Me llamo Kim Minjeong.
메 야모 김 민 정

네 이름은 뭐니? ¿Cómo te llamas?
꼬모 떼 야마스

호세입니다. Me llamo José.
메 야모 호세

따님의 이름이 뭡니까? ¿Cómo se llama su hija?
꼬모 세 야마 수 이하

그녀의 이름은 김 순자입니다. Se llama Kim Suncha.
세 야마 김 순자

내 조카의 이름은 훌리오이다.
Mi sobrino se llama Julio.
미 소브리노 세 야마 훌리오

1회 2회 3회

13. 무슨 색입니까? ¿De qué color es?
데 께 꼴로르 에스

| 스커트는 무슨 색입니까? | ¿De qué color es la falda? |
| | 데 께 꼴로르 에스 라 팔다 |

| 푸른색입니다. | Es azul. |
| | 에스 아술 |

| 흰색입니다. | Es blanca. |
| | 에스 블랑까 |

| 검습니다. | Es negra. |
| | 에스 네그라 |

| 붉습니다. | Es roja. |
| | 에스 로하 |

| 노랗습니다. | Es amarilla. |
| | 에스 아마리야 |

| 오렌지색입니다. | Es naranja. |
| | 에스 나랑하 |

| 녹색입니다. | Es verde. |
| | 에스 베르데 |

부록

14. 어디 가니? ¿A dónde vas?
아 돈데 바스

너 어디 가니?	¿A dónde vas? 아 돈데 바스
스페인에 갑니다.	Voy a España. 보이 아 에스빠냐
마드리드에 갑니다.	Voy a Madrid. 보이 아 마드릳
집에 갑니다.	Voy a casa. 보이 아 까사
시장에 갑니다.	Voy al mercado. 보이 알 메르까도
대학교에 갑니다.	Voy a la universidad. 보이 알 라 우니베르씨닫
공항에 갑니다.	Voy al aeropuerto. 보이 알 아에로뿌에르또

15. 언제 서울에 가십니까? ¿Cuándo va usted a Seúl?
꾸안도 바 우스뗃 아 세울

내일 갑니다.	Voy mañana.
	보이 마냐나

모레 갑니다.	Voy pasado mañana.
	보이 빠사도 마냐나

월요일에 갑니다.	Voy el lunes.
	보이 엘 루네스

다음 주에 갑니다.	Voy la semana próxima.
	보이 라 세마나 쁘록씨마

다음 달에 갑니다.	Voy el mes próximo.
	보이 엘 메스 쁘록씨모

내년에 갑니다.	Voy el año próximo.
	보이 엘 아뇨 쁘록씨모

12월 1일에 갑니다.	Voy el primero de diciembre.
	보이 엘 쁘리메로 데 디씨엠브레

16. 이 컴퓨터는 어디 제품입니까?
¿De dónde es este ordenador?
데 돈데 에스 에스떼 오르데나도르

한국 제품입니다.	Es de Corea. 에스 데 꼬레아
스페인 제품입니다.	Es de España. 에스 데 에스빠냐
중국 제품입니다.	Es de la China. 에스 델 라 치나
일본 제품입니다.	Es del Japón. 에스 델 하뽄
프랑스 제품입니다.	Es de Francia. 에스 데 프란씨아
독일 제품입니다.	Es de Alemania. 에스 데 알레마니아
영국 제품입니다.	Es de Inglaterra. 에스 데 잉글라떼르라

17. 이 자동차는 누구의 것입니까?
¿De quién es este coche?
데 끼엔 에스 에스테 꼬체

내 아내의 것입니다.	Es de mi mujer. 에스 데 미 무헤르
제 부친의 것입니다.	Es de mi padre. 에스 데 미 빠드레
제 남편의 것입니다.	Es de mi marido. 에스 데 미 마리도
제 아들의 것입니다.	Es de mi hijo. 에스 데 미 이호
제 형님의 것입니다.	Es de mi hermano. 에스 데 미 에르마노
제 딸의 것입니다.	Es de mi hija. 에스 데 미 이하
제 사촌 누나의 것입니다.	Es de mi prima. 에스 데 미 쁘리마

18. 너 돈 가지고 있니? ¿Tienes dinero?
띠에네스 디네로

돈 가지고 있니?	¿Tienes dinero?
	띠에네스 디네로

예, 돈을 가지고 있습니다.	Sí, tengo dinero.
	씨, 뗑고 디네로

예, 가지고 있습니다.	Sí, lo tengo.
	씨, 로 뗑고

예, 약간 가지고 있습니다.	Sí, tengo un poco.
	씨, 뗑고 움 뽀꼬

아니오, 가지고 있지 않습니다.	No, no tengo dinero.
	노, 노 뗑고 디네로

아니오, 가지고 있지 않습니다.	No, no lo tengo.
	노, 놀 로 뗑고

예, 약간의 돈을 가지고 있습니다.
Si, tengo un poco de dinero.
씨, 뗑고 움 뽀꼬 데 디네로

19. 돈을 얼마나 가지고 있느냐?

¿Cuánto dinero tienes?
꾸안또 디네로 띠에네스

100유로 가지고 있습니다. Tengo cien euros.
뗑고 씨엔 에우로스

10달러 가지고 있습니다. Tengo diez dólares.
뗑고 디에스 돌라레스

50페소 가지고 있습니다. Tengo cincuenta pesos.
뗑고 씽꾸엔따 뻬소스

천 파운드 가지고 있습니다. Tengo mil libras.
뗑고 밀 리브라스.

돈을 많이 가지고 있습니다. Tengo mucho dinero.
뗑고 무초 디네로

돈을 약간 가지고 있습니다.
Tengo un poco de dinero.
뗑고 움 뽀꼬 데 디네로

일 전 한 푼도 없습니다. No tengo ni un céntimo.
노 뗑고 니 운 쎈띠모

20. 형제가 몇이니? ¿Cuántos hermanos tienes?
꾸안또스 에르마노스 띠에네스

형제가 둘입니다.	Tengo dos hermanos. 뗑고 도스 에르마노스
아들만 셋입니다.	Sólo tengo tres hijos. 솔로 뗑고 뜨레스 이호스
딸이 둘입니다.	Tengo dos hijas. 뗑고 도스 이하스
아들 하나와 딸 하나입니다.	Tengo un hijo y una hija. 뗑고 운 이호 이 우나 이하
아들이 둘입니다.	Tengo dos hijos. 뗑고 도스 이호스
딸만 하나입니다.	Sólo tengo una hija. 솔로 뗑고 우나 이하
자녀가 없습니다.	No tengo hijos. 노 뗑고 이호스

21. 연세가 어떻게 되십니까?

¿Cuántos años tiene usted?
꾸안또스 아뇨스 띠에네 우스뗃

스무 살입니다	Tengo veinte años. 뗑고 베인떼 아뇨스.
서른 살입니다.	Tengo treinta años. 뗑고 뜨레인따 아뇨스
마흔 살입니다.	Tengo cuarenta años. 뗑고 꾸아렌따 아뇨스
쉰 살입니다.	Tengo cincuenta años. 뗑고 씽꾸엔따 아뇨스
너 몇 살이니?	¿Cuántos años tienes? 꾸안또스 아뇨스 띠에네스
열 살입니다.	Tengo diez años. 뗑고 디에스 아뇨스
열한 살입니다.	Tengo once años. 뗑고 온쎄 아뇨스

22. 미술관은 어디로 가면 됩니까?

¿Por dónde se va al museo?
뽀르 돈:데 세 바 알 무세오

호뗄은 어디로 가면 됩니까?

¿Por dónde se va al hotel?
뽀르 돈데 세 바 알 호뗄

병원은 어디로 가면 됩니까?

¿Por dónde se va al hospital?
뽀르 돈데 세 바 알 오스삐딸

터미널은 어디로 가면 됩니까?

¿Por dónde se va a la terminal?
뽀르 돈데 세 바 알 라 떼르미날

정거장은 어디로 가면 됩니까?

¿Por dónde se va a la estación?
뽀르 돈데 세 바 알 라 에스따씨온

곧장 가십시오.

Siga derecho.
씨까 데레초

오른쪽으로 도십시오.

Tuerza a la derecha.
뚜에르사 알 라 데레차

왼쪽으로 도십시오

Tuerza a la izquierda.
뚜에르사 알 라 이스끼에르다

23. 시간이 얼마나 걸립니까?
¿Cuánto tiempo se tarda?
꾸안또 띠엠뽀 세 따르다

지하철로 시간이 얼마나 걸립니까?
¿Cuánto tiempo se tarda en metro?
꾸안또 띠엠뽀 세 따르다 엔 메뜨로

비행기로 시간이 얼마나 걸립니까?
¿Cuánto tiempo se tarda en avión?
꾸안또 띠엠뽀 세 따르다 엔 아비온

자동차로 시간이 얼마나 걸립니까?
¿Cuánto tiempo se tarda en coche?
꾸안또 띠엠뽀 세 따르다 엔 꼬체

버스로 시간이 얼마나 걸립니까?
¿Cuánto tiempo se tarda en autobús?
꾸안또 띠엠뽀 세 따르다 엔 아우또부스

택시로 시간이 얼마나 걸립니까?
¿Cuánto tiempo se tarda en taxi?
꾸안또 띠엠뽀 세 따르다 엔 딱시

걸어서 시간이 얼마나 걸립니까?
¿Cuánto tiempo se tarda a pie?
꾸안또 띠엠뽀 세 따르다 아 삐에

20분 걸립니다.
Se tarda veinte minutos.
세 따르다 베인떼 미누또스

24. 스페인어 하십니까? ¿Habla usted español?
아블라 우스뗃 에스빠뇰

스페인어 하십니까?	¿Habla usted español? 아블라 우스뗃 에스빠뇰
예, 스페인어를 합니다.	Sí, hablo español. 씨 아블로 에스빠뇰
예, 합니다.	Sí, lo hablo. 씨 로 아블로
예, 잘 합니다.	Sí, lo hablo bien. 씨 로 아블로 비엔
영어 하십니까?	¿Habla usted inglés? 아블라 우스뗃 잉글레스
예, 조금 합니다.	Sí, lo hablo un poco. 씨 로 아블로 움 뽀꼬
아닙니다, 못합니다.	No, no lo hablo. 노 놀 로 아블로

25. 무엇을 드시겠습니까? ¿Qué quiere usted tomar?
께 끼에레 우스뗃 또마르

부인, 무엇을 드시겠습니까?
¿Qué quiere tomar, señora?
께 끼에레 또마르 세뇨라

선생님, 무엇을 드시겠습니까?
¿Qué quiere tomar, señor?
께 끼에레 또마르 세뇨르

아가씨, 무엇을 드시겠습니까?
¿Qué quiere tomar, señorita?
께 끼에레 또마르 세뇨리따

메뉴를 보겠습니다.
Quiero ver el menú.
끼에로 베르 엘 메누

메뉴를 부탁합니다.
El menú, por favor.
엘 메누 뽀르 파보르

빠에야를 들겠습니다.
Quiero la paella.
끼에로 라 빠에야

적포도주 한 병 주세요.
Una botella de vino tinto, por favor.
우나 보떼야 데 비노 띤또 뽀르 파보르

26. 아가씨, 무엇을 드릴까요? ¿Qué desea, señorita?
께 데세아 세뇨리따

아가씨, 무엇을 드릴까요?	¿Qué desea, señorita? 께 데세아 세뇨리따
선생님, 무엇을 드릴까요?	¿Qué desea, señor? 께 데세아 세뇨르
부인, 무엇을 드릴까요?	¿Qué desea, señora? 께 데세아 세뇨라
여러분, 무엇을 드릴까요?	¿Qué desean, señores? 께 데세안 세뇨레스
밀크 커피 한 잔 주세요.	Un café con leche, por favor. 운 까페 꼰 레체 뽀르 파보르
블랙커피 한 잔 주세요.	Un café solo, por favor. 운 까페 솔로 뽀르 파보르
와인 한 잔 부탁합니다.	Una copa de vino, por favor. 우나 꼬빠 데 비노 뽀르 파보:르

27. 무엇을 도와 드릴까요? ¿En qué puedo servirle?
엥 께 뿌에도 세르비를레

선생님, 무엇을 도와 드릴까요?
¿En qué puedo servirle, señor?
엥 께 뿌에도 세르비를레 세뇨르

부인, 무엇을 도와 드릴까요?
¿En qué puedo servirla, señora?
엥 께 뿌에도 세르비를라 세뇨라

아가씨, 무엇을 도와 드릴까요?
¿En qué puedo servirla, señorita?
엥 께 뿌에도 세르비를라, 세뇨리따

핸드백을 잃어버렸습니다. He perdido mi bolso.
에 뻬르디도 미 볼소

지갑을 잃어버렸습니다. He perdido mi cartera.
에 뻬르디도 미 까르떼라

여권을 잃어버렸습니다. He perdido mi pasaporte.
에 뻬르디도 미 빠사뽀르떼

운전 면허증을 잃어버렸습니다.
He perdido mi carné de conducir.
에 뻬르디도 미 까르네 데 꼰두씨르

28. 문을 열어 주시겠습니까?
¿Quiere usted abrir la puerta?
끼에레 우스뗃 아브리르 라 뿌에르따

문을 좀 열어 주시겠습니까?
¿Quiere usted abrir la puerta?
끼에레 우스뗃 아브리르 라 뿌에르따

창문을 좀 열어 주시겠습니까?
¿Quiere usted abrir la ventana?
끼에레 우스뗃 아브리르 라 벤따나

가방을 좀 열어 주시겠습니까?
¿Quiere usted abrir la maleta?
끼에레 우스뗃 아브리르 라 말레따

문 좀 닫아 주시겠습니까?
¿Quiere usted cerrar la puerta?
끼에레 우스뗃 쎄르라르 라 뿌에르따

창문 좀 닫아 주시겠습니까?
¿Quiere usted cerrar la ventana?
끼에레 우스뗃 쎄르라르 라 벤따나

짐을 좀 올려 주시겠습니까?
¿Quiere usted subir el equipaje?
끼에레 우스뗃 수비르 엘 에끼빠헤

해 드리고 말고요, 선생님. Con mucho gusto, señor.
꼰 무초 구스또 세뇨르

29. 문을 열어 주십시오.
Haga el favor de abrir la puerta.
아가 엘 파보르 데 아브리르 라 뿌에르따

문을 열어 주십시오.
Haga el favor de abrir la puerta
야:가 엘 파보:르 데 아브리:르 라 뿌에:르따

창문을 닫아 주십시오.
Haga el favor de cerrar la ventana.
야:가 엘 파보:르 데 쎄르라:르 라 벤따:나

앉아 주십시오. Haga el favor de sentarse.
아가 엘 파보르 데 쎈따르세

제 사무실에 들려주십시오.
Haga el favor de pasar por mi oficina.
아가 엘 파보르 데 빠사르 뽀르 미 오피시나

내일 나를 방문해 주십시오.
Haga el favor de visitarme mañana.
아가 엘 파보르 데 비씨따르메 마냐나

여기 서명해 주십시오. Haga el favor de firmar aquí.
아가 엘 파보르 데 피르마르 아끼

계산해 주십시오. Haga el favor de hacer la cuenta.
아가 엘 파보르 데 아쎄르 라 꾸엔따

30. 바쁘십니까? ¿Está usted ocupado?
에스따 우스뗄 오꾸빠도

바쁘십니까?	¿Está usted ocupado? 에스따 우스뗄 오꾸빠도
예, 바쁩니다.	Sí, estoy ocupado. 씨, 에스또이 오꾸빠도
부인, 바쁘십니까?	¿Está usted ocupada, señora? 에스따 우스뗄 오꾸빠다 세뇨라
아닙니다, 바쁘지 않습니다.	No, no estoy ocupada. 노 노 에스또이 오꾸빠다
아가씨, 바쁘십니까?	¿Está usted ocupada, señorita? 에스따 우스뗄 오꾸빠다 세뇨리따
예, 무척 바쁩니다.	Sí, estoy muy ocupada. 씨 에스또이 무이 오꾸빠다
아닙니다, 한가합니다.	No, estoy libre. 노 에스또이 리브레.

31. 시간 있으세요? ¿Está usted libre?
에스따 우스뗃 리브레

선생님, 시간 있으세요?	¿Está usted libre, señor? 에스따 우스뗃 리브레 세뇨르
예, 시간 있습니다.	Sí, estoy libre. 씨 에스또이 리브레
아주머니, 시간 있으세요?	¿Está usted libre, señora? 에스따 우스뗃 리브레 세뇨라
아닙니다, 시간이 없습니다.	No, no estoy libre. 노 노 에스또이 리브레
저는 무척 바쁩니다.	Estoy ocupadísima. 에스또이 오꾸빠디씨마
아가씨, 시간 있으십니까?	¿Está usted libre, señorita? 에스따 우스뗃 리브레 세뇨리따
예, 시간이 많습니다.	Sí, estoy muy libre. 씨 에스또이 무이 리브레

32. 결혼하셨습니까? ¿Esta usted casado?
에스따 우스뗄 까사도

결혼하셨습니까?	¿Está usted casado? 에스따 우스뗄 까사도
예, 결혼했습니다.	Sí, estoy casado. 씨, 에스또이 까사도
너 결혼했니?	¿Estás casado? 에스따스 까사도
아니, 아직 결혼하지 않았어.	No, todavía no estoy casado. 노 또다비아 노 에스또이 까사도
나는 독신이다.	Soy soltero. 소이 솔떼로
네 누이 결혼했니?	¿Está casada tu hermana? 에스따 까사다 뚜 에르마나
응, 결혼했어.	Sí, está casada. 씨 에스따 까사다

| | 1회 2회 3회 |

33. 어디가 아프십니까? ¿Qué le duele?
께 레 두엘레

어디가 아프십니까?	¿Qué le duele? 께 레 두엘레
나는 머리가 아픕니다.	Me duele la cabeza. 메 두엘레 라 까베사
나는 배가 아픕니다.	Me duele el estómago. 메 두엘레 엘 에스또마고
나는 이가 아픕니다.	Me duelen las muelas. 메 두엘렌 라스 무엘라스
나는 목이 아픕니다.	Me duele la garganta. 메 두엘레 라 가르간따
나는 귀가 아픕니다.	Me duelen los oídos. 메 두엘렌 로스 오이도스
나는 온몸이 아픕니다.	Me duele todo el cuerpo. 메 두엘레 또도 엘 꾸에르뽀
나는 팔이 아픕니다.	Me duelen los brazos. 메 두엘:렌 로스 브라소스

34. 당신은 무엇을 좋아하십니까? ¿Qué le gusta?
께 레 구스따

당신은 무엇을 좋아하십니까?	¿Qué le gusta? 께 레 구스따
나는 낚시를 좋아한다.	Me gusta la pesca. 메 구스따 라 뻬스까
나는 여행을 좋아한다.	Me gusta el viaje. 메 구스다 엘 비아헤
나는 야채를 좋아한다.	Me gusta las verduras. 메 구스따 라스 베르두라스
나는 사과를 좋아한다.	Me gusta la manzana. 메 구스따 라 만사나
나는 그림 그리는 것을 싫어합니다.	No me gusta pintar. 노 메 구스따 삔따르
나는 고기를 싫어한다.	No me gusta la carne. 노 메 구스다 라 까르네

35. 무슨 일입니까? ¿Qué pasa?
께 빠사

무슨 일입니까?	¿Qué pasa? 께 빠사
너 무슨 일이니?	¿Qué te pasa? 께 떼 빠사
아가씨, 무슨 일입니까?	¿Qué le pasa, señorita? 께 레 빠사 세뇨리따
당신의 딸은 무슨 일입니까?	¿Qué le pasa a su hija? 께 레 빠사 아 수 이하
그는 무슨 일입니까?	¿Qué le pasa a él? 께 레 빠사 아 엘
나는 아무 일도 아니다.	No me pasa nada. 노 메 빠사 나다
우리는 아무 일도 아니다.	No nos pasa nada. 노 노스 빠사 나다

36. 날씨가 어떻습니까? ¿Qué tiempo hace?
께 띠엠뽀 아쎄

마드리드는 날씨가 어떻습니까?
¿Qué tiempo hace en Madrid?
께 띠엠뽀 아쎄 엔 마드릳

날씨 좋습니다.
Hace buen tiempo.
아쎄 부엔 띠엠뽀

날씨가 궂습니다.
Hace mal tiempo.
아쎄 말 띠엠뽀

날씨가 무척 덥습니다.
Hace mucho calor.
아쎄 무초 깔로르

날씨가 무척 춥습니다.
Hace mucho frío.
아쎄 무초 프리오

볕이 납니다.
Hace sol.
아쎄 솔

비가 내립니다.
Hace lluvia.
아세 유비아.

1회 2회 3회

37. 시장하십니까? ¿Tiene usted hambre?
띠에네 우스뗄 암브레

시장하십니까?	¿Tiene usted hambre? 띠에네 우스뗄 암브레
예, 시장합니다.	Sí, tengo hambre. 씨 뗑고 암브레
아닙니다, 시장하지 않습니다.	No, no tengo hambre. 노 노 뗑고 암브레
너 배 고프니?	¿Tienes hambre? 띠에네스 암브레
예, 무척 배가 고픕니다.	Sí, tengo mucha hambre. 씨 뗑고 무차 암브레
나는 약간 배가 고픕니다.	Tengo un poco de hambre. 뗑고 운 뽀꼬 데 암브레
나는 배고파 죽겠다.	Me muero de hambre. 메 무에로 데 암브레

부록

38. 급하십니까? ¿Tiene usted prisa?
띠에네 우스뗃 쁘리사

급하십니까?	¿Tiene usted prisa? 띠에네 우스뗃 쁘리사
예, 저는 급합니다.	Sí, tengo prisa. 씨 뗑고 쁘리사
예, 저는 무척 급합니다.	Sí, tengo mucha prisa. 씨 뗑고 무차 쁘리사
아닙니다, 급하지 않습니다.	No, no tengo prisa. 노 노 뗑고 쁘리사
너 급하니?	¿Tienes prisa? 띠에네스 쁘리사
그래. 비행기를 타야 해. 	Sí. Tengo que tomar el avión. 씨 뗑고 께 또마르 엘 아비온
아니. 한가해.	No. Estoy libre. 노 에스또이 리브레

39. 서둘러라 Date prisa.
다떼 쁘리사

서둘러라	Date prisa. 다떼 쁘리사
서둘지 마라.	No te des prisa. 노 떼 데스 쁘리사
선생님, 서두르십시오	Dése prisa, señor. 데세 쁘리사 세뇨르
아가씨, 서둘지 마세요.	No se dé prisa, señorita. 노 세 데 쁘리사 세뇨리따
우리 서둘자.	Démonos prisa. 데모노스 쁘리사
우리 서둘지 맙시다.	No nos demos prisa. 노 노스 데모스 쁘리사

서둘러라, 그렇지 않으면 열차를 놓친다.
Date prisa o perderás el tren.
다떼 쁘리사 오 뻬르데라스 엘 뜨렌

40. 잘 다녀오십시오. ¡Buena suerte!
부에나 수에르떼

잘 다녀오십시오.	¡Buena suerte!
	부에나 수에르떼

¡Tenga buena suerte!
뗑가 부에나 수에르떼

¡Que tenga buena suerte!
께 뗑가 부에나 수에르떼

잘 다녀오너라. ¡Que tengas buena suerte!
께 뗑가스 부에나 수에르떼

좋은 여행이 되고 행운이 깃들기를!
¡Buen viaje y buena suerte!
부엔 비아헤 이 부에나 수에르떼

행운이 깃들기를 바랍니다.
Deseo que tenga buena suerte.
데세오 께 뗑가 부에나 수에르떼

네가 잘 다녀오길 바란다.
Quiero que tengas buena suerte.
끼에로 께 뗑가스 부에나 수에르떼

41. 정말 안됐군요. ¡Cuánto lo siento!
꾸안또 로 씨엔또

안됐습니다.	Lo siento.
	로 씨엔또

매우 안됐습니다. Lo siento mucho.
로 씨엔또 무초

정말 안됐군요. ¡Cuánto lo siento!
꾸안또 로 씨엔또

네가 감기 걸렸다니 안됐구나.
Siento que estés resfriado.
씨엔또 께 에스떼스 뢔스프리아도

네가 몸이 불편하다니 안됐구나.
Siento que estés enfermo.
씨엔또 께 에스떼스 엠페르모

네가 못 온다니 유감이다. Siento que no vengas.
씨엔또 께 노 벵가스

네가 떠난다니 섭섭하구나. Siento que te marches.
씨엔또 께 떼 마르체스

42. 여기 있습니다. Aquí tiene.
아끼 띠에네

여기 있습니다.	Aquí tiene. 아끼 띠에네
(하나가) 여기 있습니다.	Aquí está. 아끼 에스따
(두 개 이상이) 여기 있습니다.	Aquí están. 아끼 에스딴
여기 있습니다, 선생님.	Tenga usted, señor. 뗑가 우스뗄 세뇨르
메뉴 여기 있습니다.	Aquí está el menú. 아끼 에스따 엘 메누
제 여권 여기 있습니다.	Aquí está mi pasaporte. 아끼 에스따 미 빠사뽀르떼
여러분, 여기 있습니다.	Aquí tienen, señores. 아끼 띠에넨 세뇨레스

43. 어서 드십시오. Sírvase, por favor.
씨르바세 뽀르 파보르

| 어서 드십시오. | Sírvase, por favor.
씨르바세 뽀르 파보르 |

| 부인, 어서 드십시오. | Sírvase, señora.
씨르바세 세뇨라 |

| 어서 들어라. | Sírvete, por favor.
씨르베떼 뽀르 파보르 |

| (당신들) 어서 드십시오. | Sírvanse, por favor.
씨르반세 뽀르 파보르 |

| 너희들 어서 들어라. | Servíos, por favor.
세르비오스 뽀르 파보르 |

| 여러분, 어서 드십시오. | Sírvanse, señores.
씨르반세 세뇨레스 |

| 우리 듭시다. | Sirvámonos.
씨르바모노스 |

44. 많이 드십시오. ¡Que aproveche!
께 아쁘로베체

많이 드십시오.	¡Buen provecho! 부엔 쁘로베초
많이 드십시오.	¡Buen apetito! 부엔 아뻬띠또
루이사, 많이 들어라.	¡Que aproveches, Luisa! 께 아쁘로베체스 루이사
부인, 많이 드십시오.	¡Buen provecho, señora! 부엔 쁘로베초 세뇨라
선생님, 많이 드십시오.	¡Buen apetito, señor! 부엔 아뻬띠또 세뇨르
여러분, 많이 드십시오.	¡Que aprovechen, señores! 께 아쁘로베첸 세뇨레스
너희들 많이 들어라.	¡Que aprovechéis! 께 아쁘로베체이스

45. 잘 먹었습니다. Estoy satisfecho.
에스또이 사띠스페초

(여자가) 잘 먹었습니다.	Estoy satisfecha. 에스또이 사띠스페차
잘 드셨습니까?	¿Está usted satisfecho? 에스따 우스뗃 사띠스페초
예, 잘 먹었습니다.	Sí, estoy satisfecho. 씨 에스또이 사띠스페초
루이사, 너 잘 먹었니?	¿Estás satisfecha, Luisa? 에스따스 사띠스페차 루이사
예, 아주 잘 먹었어요.	Sí, estoy muy satisfecha. 씨 에스또이 무이 사띠스페차
아주머니, 잘 드셨습니까?	¿Está satisfecha, señora? 에스따 사띠스페차 세뇨라
예, 잘 먹었습니다.	Sí, estoy satisfecha. 씨 에스또이 사띠스페차

46. 많이 먹었습니다. Estoy lleno.
에스또이 예노

(여자가) 많이 먹었습니다.	Estoy llena. 에스또이 예나
아주 많이 먹었습니다.	Estoy muy lleno. 에스또이 무이 예노
정말 많이 먹었습니다.	Estoy harto. 에스또이 아르또
선생님, 많이 드셨습니까?	¿Está lleno, señor? 에스따 예노 세뇨르
예, 많이 먹었습니다.	Sí, estoy lleno. 씨 에스또이 예노
부인, 많이 드셨습니까?	¿Está llena, señora? 에스따 예나 세뇨라
아가씨, 많이 드셨습니까?	¿Está llena, señorita? 에스따 예나 세뇨리따

47. 몇 시입니까? ¿Qué hora es?
께 오라 에스

1시입니다.	Es la una. 에스 라 우나
2시 15분입니다.	Son las dos y cuarto. 손 라스 도스 이 꾸아르또
오전 9시입니다.	Son las nueve de la mañana. 손 라스 누에베 델 라 마냐나
정각 12시입니다.	Son las doce en punto. 손 라스 도쎄 엔 뿐또
오후 3시입니다.	Son las tres de la tarde. 손 라스 뜨레스 델 라 따르데
밤 10시 30분입니다.	Son las diez y media de la noche. 손 라스 디에스 이 메디아 델 라 노체
12시 10분전입니다.	Son las doce menos diez. 손 라스 도쎄 메노스 디에스

48. 열차는 몇 시에 출발합니까?
¿A qué hora sale el tren?
아 께 오라 살레 엘 뜨렌

열차는 몇 시에 출발합니까? ¿A qué hora sale el tren?
아 께 오라 살레 엘 뜨렌

정각 9시에 출발합니다. Sale a las nueve en punto.
살레 알 라스 누에베 엠 뿐또

서울행 열차는 몇 시에 출발합니까?
¿A qué hora sale el tren para Seúl?
아 께 오라 살레 엘 뜨렌 빠라 세울

오전 11시에 출발합니다.
Sale a las once de la mañana.
살레 알 라스 온쎄 델 라 마냐나

14시 20분에 출발합니다. Sale a las catorce y veinte.
살레 알 라스 까또르쎄 이 베인떼

마드리드행 열차는 몇 시에 출발합니까?
¿A qué hora sale el tren de Madrid?
아 께 오라 살레 엘 뜨렌 데 마드릳

새벽 네 시에 출발합니다.
Sale a las cuatro de la mañana.
살레 알 라스 꾸아뜨로 델 라 마냐나

49. 비행기는 몇 시에 도착합니까?

¿A qué hora llega el avión?
아 께 오라 예가 엘 아비온

비행기는 몇 시에 도착합니까?

¿A qué hora llega el avión?
아 께 오라 예가 엘 아비온

12시에 도착합니다.　　　　Llega a las doce.
예가 알 라스 도쎄

14시 10분에 도착합니다.　Llega a las catorce y diez.
예가 알 라스 까또르쎄 이 디에스

20시 25분에 도착합니다.

Llega a las veinte y veinticinco.
예가 알 라스 베인떼 이 베인띠씽꼬

한국 인천에 몇 시에 도착합니까?

¿A qué hora llega a Incheon, Corea?
아 께 오라 예가 아 인천 꼬레아

아침 6시에 도착합니다.　　A las seis de la mañana.
알 라스 세이스 델 라 마냐나

15시 15분에 도착합니다.　　A las quince y cuarto.
알 라스 낀쎄 이 꾸아르또

50. 식사시간입니다. Es hora de comer.
에스 오라 데 꼬메르

| 점심 먹을 시간이다. | Es hora de almorzar. |
| | 에스 오라 데 알모르사르 |

| 저녁 식사시간이다. | Es hora de cenar. |
| | 에스 오라 데 쎄나르 |

| 일할 시간이다. | Es hora de trabajar. |
| | 에스 오라 데 뜨라바하르 |

| 휴식 시간이다. | Es hora de descansar. |
| | 에스 오라 데 데스깐사르 |

| 가게를 열 시간이다. | Es hora de abrir la tienda. |
| | 에스 오라 데 아브리르 라 띠엔다 |

| 가게를 닫을 시간이다. | Es hora de cerrar la tienda. |
| | 에스 오라 데 쎄르라르 라 띠엔다 |

| 우리 잠자리에 들 시간이다. | Es hora de acostarnos. |
| | 에스 오라 데 아꼬스따르노스 |

51. 식사합시다. Vamos a comer.
바모스 아 꼬메르

아침밥을 먹읍시다.	Vamos a desayunar. 바모스 아 데사유나르
점심을 먹읍시다.	Vamos a almorzar. 바모스 아 알모르사르
저녁밥을 먹읍시다.	Vamos a cenar. 바모스 아 쎄나르
커피 한 잔 합시다.	Vamos a tomar un café. 바모스 아 또마르 운 까페
마십시다.	Vamos a beber. 바모스 아 베베르
한 잔 합시다.	Vamos a tomar una copa. 바모스 아 또마르 우나 꼬빠

밀크 커피를 마십시다.
Vamos a tomar café con leche.
바모스 아 또마르 까페 꼰 레체

52. 제 아내를 소개하겠습니다.
                                Le presento a mi mujer.
                                레   쁘레센또 아 미 무헤르

너에게 내 가족을 소개하겠다.
                    Voy a presentarte a mi familia.
                    보이 아 쁘레센따르떼 아 미 파밀리아

여러분에게 제 남편을 소개합니다.
                             Les presento a mi marido.
                            레스 쁘레센또 아 미   마리도.

제 자신을 소개합니다.
                    Permítame presentarme a mí mismo.
                    뻬르미따메   쁘레센따르메 아 미   미스모

처음 뵙겠습니다.
                                            Mucho gusto.
                                              무초   구스또

김 민수입니다.
                                    Me llamo Kim Minsu.
                                    메   야모   김   민수

저야말로 처음 뵙겠습니다.
                                  El gusto es mío.
                                엘 구스또 에스 미오

저는 한국에서 왔습니다.
                                      Soy de Corea.
                                      소이 데 꼬레아

53. 오늘은 무슨 요일입니까? ¿Qué día es hoy?
께 디아 에스 오이

일요일입니다.	Es domingo. 에스 도밍고
월요일입니다.	Es lunes. 에스 루네스
화요일입니다.	Es martes. 에스 마르떼스
수요일입니다.	Es miércoles. 에스 미에르꼴레스
목요일입니다.	Es jueves. 에스 후에베스
금요일입니다.	Es viernes. 에스 비에르네스
토요일입니다.	Es sábado. 에스 사바도

54. 오늘은 며칠입니까? ¿Qué día del mes es hoy?
께 디아 델 메스 에스 오이

오늘은 며칠입니까?	¿Qué día del mes es hoy? 께 디아 델 메스 에스 오이
1월 1일입니다.	Es el 1 (primero) de enero. 에스 엘 쁘리메로 데 에네로
2월 2일입니다.	Es el 2 (dos) de febrero. 에스 엘 도스 데 페브레로
7월 30일입니다.	Es el 30 (treinta) de julio. 에스 엘 트레인따 데 훌리오
5월 11일입니다.	Es el 11 (once) de mayo. 에스 엘 온쎄 데 마요
10월 10일입니다.	Es el 10 (diez) de octubre. 에스 엘 디에스 데 옥뚜브레
12월 말입니다.	Es el último día de diciembre. 에스 엘 울띠모 디아 데 디씨엠브레

55. 한 잔 하시겠습니까? ¿Quiere tomar una copa?
끼에레 또마르 우나 꼬빠

잘 있었어, 후안. 어떻게 지내나?	Buenos días, Juan. ¿Cómo estás? 부에노스 디아스 환 꼬모 에스따스
덕택에 잘 있어. 한 잔 할래?	Bien, gracias. 비엔 그라씨아스 ¿Quieres tomar una copa? 끼에레스 또마르 우나 꼬빠
좋아. 어디로 갈까?	Bueno. ¿Dónde vamos? 부에노 돈데 바모스
길모퉁이에 있는 카페에 가자.	Al café en la esquina. 알 까페 엔 라 에스끼나
아, 그래. 우리 무얼 마실까?	¡Ah! Sí. ¿Qué vamos a tomar? 아 씨 께 바모스 아 또마르
적포도주 한 잔 마시자.	Vamos a tomar una copa. 바모스 아 또마르 우나 꼬빠 de vino tinto. 데 비노 띤또